「世界観」と「テクノロジー」
で勝つブランド戦略

Future of Brand

Takramディレクター／ビジネスデザイナー

佐々木 康裕

NEWS PICKS
PUBLISHING

はじめに

D2Cはデータ×ブランディングの「キメラ」

これから挙げる2つの映画はアメリカの対照的な異なる面を描いている。

1つ目は『プラダを着た悪魔』。

鬼上司とそれに必死でくらいつく新人の女の子、というストーリーラインは一旦忘れ、その世界観を思い出してほしい。メディア企業が多いニューヨークの中でもひときわ格調高い高級ファッション雑誌。そこでは美意識が重視され、「ダサいもの」は忌み嫌われる。目の肥えたニューヨーカーたちに受け入れられようと、数えきれないほどのブランドがしのぎを削る。メディアやファッションという「ニューヨークらしい」華やかな業界の内幕の一端が垣間見える映画だ。

2つ目は、Facebookの創業期を描いたデヴィッド・フィンチャー監督の『ソーシャル・ネットワーク』。

プログラミングに長けたハーバード大学のコンピュータサイエンスの学生たちが、アルゴリズムをもとにプロダクトを作る。会社を大きくするため、エンジニアと投資家の多いシリコンバレーに移り住み、ベンチャーキャピタル（以下VC）から投資を受け、洗練されたユーザー獲得手法を用いて指数関数的成長を遂げる。「シリコンバレーらしい」ハッカー文化がドラマチックに描写されている。

伝統的なメディア企業や高級ブランドを擁する「東海岸」的なブランディングやカルチャー創出。そして、GAFA（Google、Amazon、Facebook、Apple）を生んだ、シアトル、シリコンバレーやサンフランシスコなどの「西海岸」的なテクノロジーやベンチャー投資の手法。

この本がテーマとするD2C（Direct to Consumer）と呼ばれる新しい業態は、この2つの世界が混ざり合って生まれた。

　『プラダを着た悪魔』のモデルとも言われ、世界最高峰のファッション誌の1つ『VOGUE（ヴォーグ）』のカリスマ編集長アナ・ウィンターと、Facebook CEOのマーク・ザッカーバーグがキメラのように合体した最強の組み合わせと言える。

　高級感のある世界観やブランディングを重視しながら、同時にデータ分析やAIなどを上手に活用するデータドリブンという特徴も持つ。

「テック×小売」による大規模市場のディスラプト

　これまで消費者向けブランドの市場は、ベンチャー投資の対象として考えられてはいなかった。その理由はいくつかあるが、実際にモノを製造し販売するため、インターネット企業と比べて立ち上げコストがかさむこと。加えて、従業員数十名でユーザー数千万人（かつてのInstagramがそうだった）といった少ないリソースでの指数関数的な成長が難しいことがその主な要因だろう。

　しかし、消費者向けプロダクトのマーケットは巨大だ。テクノロジー関連市場の3倍もある。そしてその中には、言葉は悪いが、伝統的なスタイルに胡座をかいて変化なくビジネスを続けている企業も多い。ここをテック企業が放っておくはずはない。

　今、消費者向けブランドの業界が、D2Cという「テック×小売」を実現した新しいスタイルの業態によって、次々とシェアを奪われている。その様子は、2007年にiPhoneが登場して以降、次々と新しいアプリケーションが生まれ、既存の業界がディスラプト（破壊）された姿に似ている。

　D2Cが登場して以降、その震源地アメリカでは、衣料品や生活消費財などの業界でいくつかの企業が存続の危機に立たされた。2兆円の規模があるマットレス業界では、業界首位の座から引きずり下ろされ、倒産する企業ま

で現れている。

　いったい、D2Cは既存のビジネスと何が違うのか？

　D2Cの辞書的な定義は、以下のようなものだ。

> *"新しい消費の価値観を持つミレニアル世代以下のターゲットに対し、ユニークな世界観を下敷きにしたプロダクトとカスタマーエクスペリエンス、SNSや店舗を通じた顧客とのダイレクトな対話、垂直統合したサプライチェーンを武器に、VCから資金調達を行い、短期間に急成長を目指すデジタル＆データドリブンなライフスタイルブランド"*

　伝統的なブランドと対比すると、よりイメージしやすいかもしれない（図0-1。それぞれの要素については、第1章で詳しく述べる）。

図0-1　D2Cブランドと伝統的なブランドとの違い

D2Cブランド		伝統的なブランド
デジタルネイティブ	出発点	メーカーとして誕生
直接販売、直接コミュニケーション	チャネル	小売経由で間接販売、広告代理店経由で間接コミュニケーション
安価	価格帯	中間コスト込みのため高い
指数関数的成長	成長速度	堅実な成長
ライフスタイル（世界観）	提供価値	プロダクト（機能）
ミレニアル世代以下	ターゲット	X世代以上
コミュニティであり仲間	顧客の位置づけ	お客様

D2Cは2007年頃にその原型が生まれ、2013〜2014年以降、急速に成長を遂げた。VCは2012年以降、D2Cマーケットに合計3,000億円超を投じている。

　また、未上場でありながら企業価値が1,000億円を超えるユニコーンと呼ばれる企業も、D2C業界だけで7社も登場している（2019年7月現在）。

　化粧品、スーツケース、マットレス、メガネなど、テクノロジーと程遠い場所にあった商材を扱う新興企業が、AIやデータ分析などの高い技術力を武器にSNSを使ったマーケティングを行い、「世界観」のつくり込みと巧みなストーリーテリングによって、シェアを伸ばしている。

「リテール・アポカリプス（小売の終焉）」に逆行するD2Cブランドの出店攻勢

　「世界の終わり」を描いたとされる新約聖書の「アポカリプス（ヨハネの黙示録）」。2015年頃から、これに倣い「リテール・アポカリプス（小売の終焉）」という言葉がメディアを賑わせるようになっている。

　AmazonをはじめとするEコマースが生活に浸透する中、伝統的な小売店舗は瀕死の危機にある。

　日本ではまだ地方を中心にショッピングモールが根付いているが、アメリカでははるか前にそのフェーズは終わった。現在、全米のショッピングモールの約3分の1がテナントの撤退で閉鎖の危機にあるとも言われている。1980年代初頭まで全米第1位の小売業者であり、アメリカを代表する百貨店であったSears（シアーズ）は、2018年に破産法の適用を申請。2016年には傘下に約1,600もの店舗を持っていたが、現在は約200にまで減っている。他の百貨店のMacy's（メイシーズ）、JCPenney（JCペニー）、その他にも、アメリカの代表的なドラッグストアWalgreens（ウォルグリーン）、玩具大手のToys"R"Us（トイザらス）、衣料品大手のGap（ギャップ）なども多くの店舗を閉鎖。2017年だけで約1億平方フィート（東京ドーム200個

分）、2018年は50％増の約1.5億平方フィートもの店舗面積が消え去った。

そんな小売業界の衰退を横目に、D2Cブランドは次々とリアル店舗を開店している。GUCCIやPRADA、Apple Storeなどの高級ブティックが並ぶニューヨークのソーホー地区は、数え切れないほどのD2C店舗が並び、毎週のように新しい店が作られている。今やその一帯を、「D2C通り」と呼ぶ人もいるほどだ。

マットレスを取り扱うCasper（キャスパー）や、メガネを扱うWarby Parker（ウォービーパーカー）などのD2Cブランドは、今後数年で100店舗単位で新規のリアル店舗を開いていくという。

ルールはすでに書き換えられている

D2Cという言葉は、日本国内でも2018年以降メディアを賑わせている。

アメリカでは同分野への巨額のスタートアップ投資が盛んだが、日本でもD2Cは、もっとも勢いのある投資分野の1つになっている。2019年にはFABRIC TOKYO（ファブリックトウキョウ）というオーダースーツを展開する日本のD2Cスタートアップによる10億円規模の巨額調達が大きなニュースになった。

一方で、非常に勢いがあるだけに、「D2Cはただのバズワード」との誹（そし）りを受けることも多い。

しかしすでに見たように、D2Cはデジタルと、ブランディングやカルチャー創出という、今までは遠いところに存在していた強力な力が合わさった業態であり、単なる一過性の「ブーム」ではない。D2Cという言葉の裏で、大きな地殻変動が起きていることは間違いない。また、D2Cが起こした、顧客とブランドの関係の質的変化は不可逆であり、今後、多くの業態に影響を与えていくだろう。

筆者は、Takramというクリエイティブ・イノベーション・ファームで、デザインやクリエイティブを起点に新規事業の立ち上げのコンサルティング

やブランディングを行っている。詳しくは後で触れるが、D2Cはクリエイティブの活用や顧客体験の差別化、デジタルを活用した事業のグロースが大きな特徴だ。これらはTakramが得意とすることと重なる部分も多いため、これまでスタートアップのD2Cブランドの立ち上げや、大企業のビジネスモデルのD2C化を多くサポートしてきた。加えて、D2Cの震源地ニョーヨークにも何度も赴き、現地でそのインパクトを体感してきた。また、ビジネス誌のD2C特集の監修や寄稿も多数行っている。

　将来的に、小売の歴史は、「D2C以前」「D2C以降」と分類されて語られることになるだろう。D2Cというモデルは、

　　　−顧客との関係
　　　−ものづくりのプロセス
　　　−ブランディング人材・組織
　　　−プロダクトの売り方

など様々な側面で不可逆の変化をもたらした。

　この本で提示するのは、単にいくつかの企業の成功譚ではない。
　長い小売の歴史の中で、顧客とブランドの関係にどんなパラダイムシフトが芽吹いているかの解説書としたい。この芽吹きはこれから様々な方法で花を咲かせ、自動車、不動産のようなより大きな消費にも向かっていくはずだ。今後、B2Bの世界に影響を与える可能性もある。
　小売やブランドの成功法則や生存のためのルールはもう書き換えられている。この本では、これまでのルールブックを作り直し、どう価値のあるブランドを作っていけばいいのかについての考えを紹介していこうと思う。

Contents

1章　D2C が生んだパラダイムシフト

2章 「機能」ではなく「世界観」を売る

3章 「他人」ではなく「友人」に売る

4章 D2Cの戦略論

5章 D2C を立ち上げる（スタートアップ・大手ブランド・大手小売）

6章 D2Cの先にあるもの

1-1 　　　ある鈍重な業界に起きた革命

　2018年10月、アメリカの寝具マットレス最大手の「Mattress Firm（マットレスファーム）」が破産法の適用を申請した。Mattress Firmは、創業1986年、全米で3,300もの店舗を持つ巨大チェーン。発表時点では、200の店舗を即座に閉じ、続いてさらに500店舗を閉鎖するとされていた。

　驚くべきは、この破産の引き金を引いたのが、創業わずか4年程度の生まれて間もないD2CブランドのCasperだった、という点だろう。Casperは2014年に創業以降瞬く間に成長し、ついには業界の秩序を揺るがし、文字通りディスラプトしたのだ。

　これは、マットレスという個別の業界で、ある老舗企業が潰れ、新興企業が急成長を遂げた、という話ではない。Mattress FirmとCaperの話は、ブランドと顧客の関係の変化、小売業界に起きているパラダイムシフトの象徴でもある。スーツケース、メガネ、髭剃り、スニーカー、化粧品、ペットフード、アクセサリー、家具……。

　こうした、従来ならテクノロジーと無縁だった業界で、同じような地殻変動が次々と起きている。

　これまで、こういった業界のブランドは、デジタルやインターネットサービスのようなスピードの速い業界と比べると変化が緩慢であった。しかし、アパレルや日用品などの業界で、顧客と直接関係を築き、直接販売をするD2Cブランドが数多く登場し、多くの顧客の支持を集め始めるどころか、それまでの業界の秩序を揺るがし始めている。

　ここで、「Casper以前」のマットレスの、惨めな購買体験を見てみよう。

　私自身もアメリカに住んでいた際に経験したが、顧客にとって非常にストレスの多い体験だった。

- まず、百貨店のだだっ広い売り場に並んだ無数の商品を前に、思わずため息が漏れる
- 「今時誰がこんなの買うんだろう？」という派手な花柄のもの、ベッドフレームとセットでしか販売されていないもの、やたらと多いカラーレパートリー、スヤスヤ眠る子どものありきたりな寝顔の広告……。こうした、よくも悪くも「アメリカ的」な、圧倒的な物量と大量の選択肢を見せつけられる
- 偶然近くを通りかかった、ヨレヨレのシャツを着たセールスパーソンに声をかける
- 彼のガイドに従って、シンプルで、飾り気のない、手頃なマットを選ぶ
- 購入手続きをしているときに、数百ドルの配送料がかかると知らされるが、そのときには後に引けない状況になっている
- 後日、愛想がまったくないUPS（配送業者）のドライバーによって、ススだらけで黒ずんだ段ボールに入れられてマットが運ばれてくる

　これが一般的なマットレスの購買体験のフローだ。

　マットレスは、普通の顧客にとっては長ければ10年程度使用し、1日の30％程度をその上で過ごす、とても大事なものだ。にもかかわらず、その購入体験は前近代的で、決して楽しいものではない。少なくない出費にもかかわらず、顧客はそのマットレスをまったく好んでいない。誰も自分のマットレスについて語ったりはしないし、ブランドすら覚えていない人も多い。そして、それに対して違和感を持つ人もいない。

　Mattress Firmはこうした、欠陥だらけのユーザー体験を何十年間も改善しないまま、業界首位を守り続けてきた。「マットレスをオンラインで買う人間なんていないだろう」と考え、デジタルへの投資もさして行わず、旧態依然とした販売手法を連綿と続けていた。そしてMattress Firmだけでなく、業界全体が、その変化の少なさに安住していたのだ。

しかし、革新的な製品とエクスペリエンス、共感を生む世界観を備えた Casper という会社が誕生してから、状況は一変した。

　Casper は、2014年にニューヨークで5人の若者が創業したマットレスを販売するスタートアップだ。
　彗星の如く現れた同社は、瞬く間にシェアを広げ、急速に伝統的なマットレスメーカーのシェアを奪っていく。Casper の売上は創業初月に1億円、最初の12ヶ月で100億円。2年目には200億円にまで達した。2018年の売上は約400億円。その勢いはとどまるところを知らず、2019年初めには、北米地域だけで、200もの店舗を出すことを発表している。

　Casper は以下のような特徴を持つ。

- オンラインで簡潔にオーダー可能。わざわざ店舗に行く必要はない
- 100日間は返品無料。自分に合わなければ、すぐに返品できる
- 競合と比較し圧倒的な価格優位性を持つ。一番の売れ筋は400〜600ドル程度。同業他社の販売価格（平均800〜1,000ドルと言われる）と比べて圧倒的に安い
- 他の人のレビューを参照しながら購入可能
- デザイン性が高い
- 現代的で洗練されたUI（ユーザーインターフェイス）、UXを持つWebサイト
- ウェルネスについて多くのテーマを特集した雑誌『WOOLLY』 を独自で発刊
- 睡眠やウェルネスについてのポッドキャスト番組を展開
- Instagramで15万人弱のフォロワー
- 女性1人でも運搬可能なように、マットレスからスプリングを無くし、真空パックに入れて圧縮した上で小型冷蔵庫サイズのパッケージで配送

－15,000人のモニターのベッドにセンサーを組み込み、データを取得
　しながら、次世代のプロダクトを開発

　こうして見ると、Casperは、これまでのマットレスメーカーの悪いユー
ザー体験を改善しただけではないことがわかる。
　これまでの購買体験の欠陥を潰しただけでなく、単なるマットレス「メー
カー」の枠を越え、雑誌やポッドキャストなど、メディアカンパニーのよう
な取組みも行っている。また、質の高いブランディングやデジタルの取り組
み強化など、これまでの「安い、丈夫、長持ち、大きい」という機能的価値
だけを訴求していたマットレス業界に、新しい競争軸を持ち込んでいる。

　Casperは、2019年頭にユニコーン（評価額が1,000億円を超えるベンチ
ャー企業）の仲間入りを果たした。

コンパクトに圧縮されて届くCasperのマットレス

資料：Casper HPより

ここではCasperの事例を挙げたが、先ほど書いた通り、こうした変化は
マットレス業界だけで起きているのではない。

　たとえばメガネ業界。「史上もっとも成功したオンラインブランド」とも
言われるWarby Parkerは、急速に売上を伸ばし、今や全米のスタートアッ
プが模倣する存在にまでなっている。2015年には、アメリカのビジネス誌
『Fast Company』の毎年恒例の企画「もっとも革新的な企業ランキング」
で、Apple、Google、Alibaba（アリババ）などを抑え見事1位に輝いた。
　Warby Parkerは、革新的な新しい成功モデルの代名詞のような存在とな
り、今や多くのD2Cスタートアップが、自社の取り組みを説明する際に
「Warby Parkerの○○版」と表現する。またAway（アウェイ）というスー
ツケースのブランドは、創業3年目にもかかわらず売上は400億円に上る。

　おもしろいのは、こうした変化が「鈍重で古い業界」で起きているという
ことだ。
　ここで挙げた、マットレス、メガネ、スーツケースなどは、インターネッ
トの世界では20年前から生まれていた革新性や起業家精神とはまったく相
容れない業界だった。しかし、こうした業界がインターネット的なカルチ
ャーと手法に出会うことで、革新的なプレイヤーが参入し、いずれも大成功
を収めた。その分野は、化粧品、アパレル、歯ブラシ、ブラジャー、髭剃り
など、小売のあらゆる分野に及ぶ。まるで、変化を希求するマグマが溜まっ
ていたかのように、多くの顧客がこうした新しいプレイヤーたちの商品に飛
びついている。
　新しいプレイヤーの特徴は以下のようなものだ。

　　－2008年を境に、インターネットから生まれたブランドである
　　－自らがメーカーであり、自社製品を、自社独自のチャネル（ECやリ
　　　アル店舗）で「直接販売」する
　　－マーケットの伝統的なプレイヤーに比べて、圧倒的に安価な金額で製

品やサービスを提供する
　－販売だけでなく、SNSなどを活用してPRやマーケティングも顧客に
　　「直接」話しかけながら行う
　－メーカーの皮を被ったテック企業である。データ分析などのテクノロ
　　ジー活用を積極的に行う
　－インターネット企業のような指数関数的な成長を目指す
　－プロダクトブランドではなくライフスタイルブランドである

　こうした企業はこれまでの小売メーカーのルールにとらわれない形で、商品開発、チャネル開発、マーケティング、値付けを行う。最近は、DNVB（Digital Native Vertical Brand）とも呼ばれているが、「デジタル起点であること」「生産から販売までの垂直統合を志向していること」という点で同義である。他にも、DTC（DtoC）、DNB（Digital Native Brand）など、呼び名や表記の派生系は多数あるが、この本では「D2C」と表現する。ただ、Directといっても単なる「中抜き」ではなく、上に挙げた、デジタル起点、垂直統合性などを内包している点を覚えておいてほしい。

1-2　　　　　　　　　D2Cの定義

　伝統的なブランドと比べたD2Cブランドの特徴は以下の図の通りだ。

図0-1　D2Cブランドと伝統的なブランドとの違い（再掲）

D2Cブランド		伝統的なブランド
デジタルネイティブ	出発点	メーカーとして誕生
直接販売、直接コミュニケーション	チャネル	小売経由で間接販売、広告代理店経由で間接コミュニケーション
安価	価格帯	中間コスト込みのため高い
指数関数的成長	成長速度	堅実な成長
ライフスタイル（世界観）	提供価値	プロダクト（機能）
ミレニアル世代以下	ターゲット	X世代以上
コミュニティであり仲間	顧客の位置づけ	お客様

　D2Cブランドは多くの点で、これまでの伝統的なブランドと異なる。
　ここでは図0-1で示した要素を分解しながら、D2Cとは何かについて細かく解説していこう。

1. 「ものづくり屋」ではなく「テック企業」である

図1-1　出発点の違い

D2Cブランド		伝統的なブランド
デジタルネイティブ	出発点	メーカーとして誕生

　D2Cブランドと伝統的ブランドの差異を如実に表しているのがデータサイエンティストの存在だろう。

　一定以上成長したD2Cスタートアップには、データサイエンティストが数十人はいる。社員の10〜20%にあたる規模だ。

　Warby Parkerでデータサイエンスチームを率いていたカール・アンダーソンによる『Creating a Data-Driven Organization』（未邦訳）という本では、顧客データの分析が、マーケティングや出店計画など経営の主要な意思決定に際し、いかに重要な役割を果たしているかが語られている。

　一方で、伝統的なアパレルブランドでは、どれだけ規模が大きくとも、データサイエンティストが1人もいない会社が多い。

　D2Cブランドはもちろん、ものづくりの会社ではあるが、もの自体のクオリティだけを必ずしも競争優位性の源泉とはしていない。D2Cブランドはものづくり企業として見るより、テック企業として見た方がその本質をより深く理解できるだろう。

　D2Cブランドは創業当初から大量のエンジニアや、SNSマーケティングのプロを揃える。データ分析やSNSを通じたコミュニケーションを積極的に行い、また、それぞれの施策の結果を細かくデータを取り分析していく。グロース手法や、使用するKPIもテック企業のそれに近いことが多い。

　店舗展開の戦略にもデータがふんだんに使用される。

店舗の設置は、自社ブランドの名前が検索されたロケーションのデータに基づいて行われる。また、顧客とのコミュニケーションもWebサイトやSNSを通してなされる。独自のソフトウェアを開発し、需要予測に基づいて材料の発注や製造なども行っている。

2. 「間接販売」ではなく「直接販売」する

図1-2　コミュニケーションチャネルの違い

D2Cブランド		伝統的なブランド
直接販売、直接コミュニケーション	チャネル	小売経由で間接販売、広告代理店経由で間接コミュニケーション

　D2Cブランドは、Eコマースだろうが店舗だろうが、顧客とダイレクトに対話する。

　ブランド立ち上げの直後（場合によっては立ち上げ前）から、顧客と直接コミュニケーションを取り、間に広告代理店などは挟まない。TwitterやInstagramを活用しダイレクトなインタラクションを重ねながら顧客のロイヤリティを高め、ブランドのファンになってもらう。

　そうして、オンラインでのプレゼンスをベースにしながらも、リアル店舗を持つことが多い。すでにオンラインでデータが取得できているため、パーソナライズされた接客が可能だ。「前回ご購入いただいたジャケットに合わせやすいシャツです」といったコミュニケーションを、店舗をまたいで行うことができる。

　顧客と直接関係を築くと、これまでの伝統的なブランドでは考えられないほど、顧客のことを深く理解できる。「誰が何の商品をいつどこで買ったか」などのデータがリアルタイムに入ってくるからだ。また、どのような検索ワードで自社のWebサイトに流入してくるかについての分析も、かなり丁寧に行われている。

一方、伝統的なブランドが百貨店などに出店した場合、どのような人がどのタイミングで、どういった周期で商品を購入しているかなどの情報を得ることは難しい。アンケートや調査などを繰り返しながら、推理ゲームをしているような状態だ。

　Eコマースだろうが店舗だろうが、顧客とダイレクトに対話する。ここにD2Cの本質がある。

3.「高価格化」ではなく「低価格化」を志向する

図1-3　価格帯の違い

D2Cブランド		伝統的なブランド
安価	価格帯	中間コスト込みのため高い

　顧客とのダイレクトな関係構築はコストにも直結する。

　Warby Parkerが市場に参入した当時、アメリカではメガネはレンズ込みで300ドルくらいで販売され、日本のJINSやZoffのようなデザイン性が高くかつリーズナブルな価格帯のブランドは存在しなかった。原価数千円程度のメガネが、中間業者を何社も挟むことで、10倍近くの価格になっていたのだ。

　Warby Parkerは、小売をまったく通さず直販を徹底することで、99ドルのメガネを実現。マットレスのCasperやスーツケースのAwayも基本的には同じ考え方で、中間コストを排しクオリティの高い商品を既存ブランドよりはるかに安い価格で展開している。

　D2Cはブランディングにこだわるが、そのブランド価値をそのまま価格に転嫁し、値段を吊り上げようとは考えない。ここに伝統的なブランドとの大きな差がある。

　とはいえ、D2Cを矮小化して解釈し、単なる「中抜き、安価」と捉えて

はいけないという点はあらためて強調しておきたい。D2Cの本質は、中抜きにあるのではない。顧客とブランドの関係が質的に変化しているのだ。

4.「着実な成長」ではなく「指数関数的成長」を遂げる

図1-4　成長速度の違い

D2Cブランド	成長速度	伝統的なブランド
指数関数的成長		堅実な成長

　これまでCasperやAwayの例で説明してきた通り、成功したD2Cブランドは、創業初年度100億円、次年度200億円、3年目400億円といった、スタートアップの歴史を見てもあまり例がない指数関数的成長を達成している。これは、プロダクト販売という早期に売上が立ちやすい事業領域と、インターネットという指数関数的成長を実現する仕組みの組み合わせによって生まれたものだ。

　先に述べたように、デジタルネイティブであるD2Cは「インターネットドリブンのブランド」とも言える。ブランドにインターネット的要素を組み込むことで、SNSなどを通じ一瞬でターゲット層の間で認知を広げ、インターネットサービスと同クオリティの優れたUXですぐにトライアル・購入までの導線を張る。多くのD2Cブランドは、友達がTwitterでオススメしていた本をAmazonで買うときと同程度の、シンプルでシームレスなUXを実現している。

　VCからの資金が入っているのもD2Cの大きな特徴だ。
　VCは、将来的に巨大なリターンをもたらす可能性がある企業にしか投資をしない。これまで、マットレスやスーツケースを売っている企業は、インターネット企業のような爆発的成長をすることはなく、VCが資金を投入す

ることはなかった。しかし、そうした商材を扱う企業にインターネット的要素（SNSでの低コストの認知獲得、店舗などの初期コスト不要のモデル）が加わることで、短期間で爆発的な成長を期待できるようになった。

　こうした理由から、今やD2Cはもっとも注目を浴びる投資分野の1つとなっており、VCからより短期的かつ急速な成長を促進するためのナレッジや資金が大量に投下されている。

　もちろん、こうした爆発的な成長を志向せず、ゆっくりと着実な成長を目指すことも可能だ。技術障壁が下がり参入障壁も低くなっているため、数百万円の自己資金さえあれば、資金調達や借入れをせずともブランドの立ち上げは可能だろう。
　しかし、技術障壁が低くなったからこそ、D2Cブランド間の競争は激化している。急成長をしなければ、次々と登場する競合に顧客の認知を奪われ、簡単に市場から淘汰されてしまう。

　2015年に創業しAwayの競合と目されていたスーツケースのD2Cスタートアップ RADEN は、爆発的成長を志向せず、資金調達を最小限にとどめながらビジネスを展開していた。しかし、VCマネーをテコに急成長するAwayに太刀打ちできず、結局2018年にビジネスを畳むことになった。
　競争を勝ち抜くために急成長を志向する、というポイントはD2Cビジネスを検討する上で重要となるだろう。

5. 「プロダクト」ではなく「ライフスタイル」を売る

図1-5　提供価値の違い

D2Cブランド	提供価値	伝統的なブランド
ライフスタイル（世界観）		プロダクト（機能）

　D2Cブランドはプロダクトを販売しているのではない。世界観やライフスタイルを販売している。現代の顧客は"機能"だけではなく、"感情"を買おうとしている。

　たとえば、マットレスを販売するCasperを見てみよう。同社をより深く理解したければ、Casperを「マットレス屋」と捉えてはいけない。
　CEOのフィリップ・クリムはこのように言っている。

"Nike made active lifestyles appealing and Whole Foods popularized healthy eating, and we think the third pillar of wellness is sleep."
「*Nike*は、運動をするアクティブなライフスタイルを魅力的なものにし、*Whole Foods*は健康的な食生活を誰もが手が届くものにした。運動、食事に加えて、睡眠がウェルネスの第3の柱になる」

　Casperは、睡眠を通じて新しいライフスタイルの実現、さらに言うと、新しいカルチャーの創出を目指している。
　実際にCasperの店舗を訪れると、いかに彼らがライフスタイル全般に配慮しているかがわかる。

　ニューヨークのソーホーにある旗艦店舗に一歩足を踏み入れると、ベッドルームを再現した巨大なブースがいくつも用意されている。そこでは、シンプルで飾らないインテリアの中にベッドとマットレスが置かれ、枕やペット

用のマットレスなどもあつらえられている。また最近はマットレスという枠を越え、寝室専用の照明もリリースした。

ベッドルームを再現したCasper店内のブース

　加えて、Casperが発行している雑誌『WOOLLY』では、自社のプロダクトについては一切触れられず、ヨガやウェルネス、睡眠、健康などのテーマで、クオリティの高い多数のグラフィックに彩られた、長文の記事が続く。

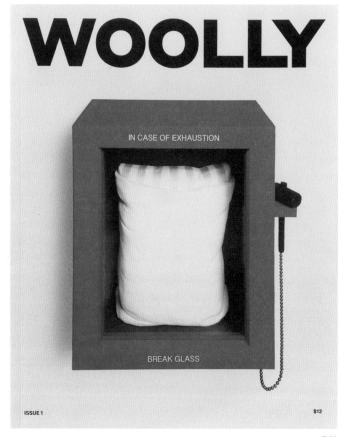

資料：著者提供

　またニューヨークでは、The Dreameryという昼寝専用スペースもオープンした。広々とした空間内にベッドが点在し、25ドルで45分昼寝することができる。予約はWebサイトから可能だ。

　Casperでは、マットレスというプロダクトではなく、"睡眠"を中心としたライフスタイルが売り物になっていることがわかるだろう。

6. 「X世代以上」ではなく「ミレニアル世代以下」をターゲットとする

図1-6　ターゲットの違い

D2Cブランド		伝統的なブランド
ミレニアル世代	ターゲット	X世代以上

　D2Cは「小売のミレニアル世代化（Millennialization of Retail）」とも言われる。

　ミレニアル世代とは、1980年代から1990年代後半までに生まれ、2000年代に成人あるいは社会人になる世代のことを指す。ミレニアル世代は、アメリカではその人口の多さから、ファッションスタイル、学歴、デジタルの活用、労働観など新しい価値観を創出する世代と言われる。

　これまでの古いユーザー体験やコミュニケーションに慣れた世代ではなく、デジタルの発達とともに育ち、新しい消費の価値観を持ったミレニアル世代に対してものを届けていく。D2Cのイノベーションを考える上ではこの「対象マーケットのシフト」も非常に大きなポイントだ。はたして、ミレニアル世代とはどういう世代なのか、少しここで見てみよう。

厳しい懐事情

　D2Cの震源地アメリカでは、ミレニアル世代は、新卒としての就職のタイミングでリーマンショックが起き、長年にわたる就職難と失業を経験している。キャリア開始時期と不況が重なり出だしでつまずくと、後から遅れを巻き返すのは非常に難しい。彼らはリーマンショック以降に10年ほどキャリアを積み重ねてきたが、ベビーブーマー世代（おおよそ1945～1964年生まれ）、X世代（おおよそ1965～1980年生まれ）といった上の世代と比較し、まだまだ所得水準が低い。

ミレニアル世代の資産は、X世代の2001年時に比べて40%、ベビーブーマー世代の1989年時に比べて20%少ない。多くのミレニアル世代は家を買うほどの稼ぎもなく、株式投資をする余裕もないため、過去10年の株価上昇の恩恵にあずかることもできなかった。数千万円の学生ローンを抱えている人も珍しくない。

　ミレニアル世代の消費の特徴が倹約的、慎重と言われるのはこうした経済状況が大きく影響している。D2Cブランドの安価なプロダクトがミレニアル世代への大きな訴求点となっているのは、こうした彼らの厳しい懐事情も影響している。

デジタルへの感度

　ミレニアル世代は、小さい頃からパソコンやスマートフォンを持ち、必ずしもテレビを情報取得の第一手段としない。ネットで洋服を買う、動画を観る、知らない人とチャットするなど、自分たちの上の世代が躊躇することにまったく抵抗を感じない世代だ。

　また、彼らはSNSを通じて情報を発信する第一世代でもある。デジタルの世界では、顧客が発する情報量がブランド自身が発する情報量を上回る。

社会的意義の重要視

　ミレニアル世代はもっとも教養のある世代でもある。この世代は10人に4人が大卒。10人中2.5人が大卒者のベビーブーマー世代、10人中3人のX世代を大きく上回る。彼らは教育の過程で社会問題や環境問題に多く触れてきたこともあり、「リサイクル」や「ダイバーシティ」など倫理・環境などに配慮したブランドを好む傾向にある。また、そうした社会的意義に配慮しているブランドにはより多くのプレミアムを払う、と多数のデータが実証している。

日本のミレニアル世代との違い

　バブル期の前後で採用数を上下させたことで会社の人材ピラミッドがいびつになったことへの反省もあったのだろう。日本の大企業はリーマンショック後にアメリカほど極端に採用数を絞りはしなかった。

　また、日本は長らく続くデフレの影響で「安くていいもの」にあふれている。日本は、ユニクロや無印良品など、リーズナブルな価格で、品位すら感じさせるデザインのものを手に入れることができる数少ないマーケットだ。

　こうした違いから、アメリカの成功モデルをそのまま日本市場に取り込むことはできないだろう。アメリカのD2Cブランドとは異なる価格戦略・ブランディングが必要となるはずだ。このテーマは6章で掘り下げたい。

7.「顧客」ではなく「コミュニティ」として扱う

図1-7　顧客の位置づけの違い

　D2Cブランドの顧客を“顧客”と呼ぶのは適切ではない。D2Cブランドは顧客を、一緒にブランドを始め、育てていく“仲間”のように扱う。

　Casperには、常に睡眠データをトラッキングできる15,000人もの顧客データベースがある。そして、顧客は睡眠データをただトラックさせてくれるだけではない。彼らは「新製品を試してみたが、これまでの製品と比べてここがダメだ」などのフィードバックを絶えず送ってくれる。また、新製品のプロトタイプを使用し、その感想や改善案も送ってくれる。

　彼らはCasperの熱烈なファンでもあり、新製品が出れば、積極的に口コミで広めてくれるし、イベントにも積極的に参加する。彼らの存在は、顧客

というよりマーケターであり、共同開発者であり、エヴァンジェリストでもある。このように顧客の一部をコミュニティ化し、そのコミュニティからのフィードバックを得ながら「製品開発チームの一員」のように扱うのは、D2Cブランドが得意とする開発方法だ。

1-3　「モノからコト」から「コト付きのモノ」へ

　ここまでD2Cブランドと伝統的なブランドの比較を行ってきたが、より大きな視点で、長期的な消費トレンドからD2Cの位置付けを考えてみたい。
　一般生活者の消費スタイルの変化を表すために「モノからコトへ」というキーワードが喧伝されて久しい。消費者は、自動車、洋服、アクセサリーなど「モノ」の消費に価値を感じなくなり、旅行、友達との食事、ヨガや読書など「コト＝体験」の消費により大きな価値を感じるようになってきている、という説明がよくなされる。
　こうした動きは、様々な統計によっても裏打ちされている。たとえば、日本でも30歳未満の人の1ヶ月あたりの洋服の消費は、1999年から2014年の間に男性は約半減、女性は4割程度も減少しているという。また、モノを所有することが幸せだと感じる人は4割しかおらず、得られる経験に対してより多くのお金をかけたいと答える人が7割弱にも上る、というデータもある。ミレニアル世代以下の読者であれば、データに頼らずともこうしたトレンドはいち生活者としての肌感覚とも整合するはずだ。
　FacebookやInstagramを見る限り、高級車やハイブランドのファッションアイテムやアクセサリーなど「高いものを買った」ことを見せびらかすような顕示的消費をする人はとても少なくなった。それよりも、旅行やバーベキューに行く、ピラティスに行く、楽器を習い始める、などの体験を通して豊かなライフスタイルを手にすることに価値を見出す投稿が増えている。

「モノからコト」は、あらゆる業界を飲み込む非常に大きな消費トレンド
となっており、「モノ」を扱う業界は、いくつか小さな成功は見受けられる
一方で、総体としてはダウントレンドだ。消費者の価値観の変化に加え、日
本では人口減少の影響もあって、モノだけを扱う業界は必然的にそのサイズ
を縮小していく。こうした傾向もあり、「モノ」を扱ってきたメーカーが
「コト」を始める事例がここ最近増えてきた。ここでいう「コト」とは小売、
飲食、宿泊、金融、教育、医療、エンターテインメントなど、モノを伴わず
に提供できるすべてのサービスを含む。

　　　－トヨタがモビリティーサービス（自動車を移動や輸送の「手段」と
　　　　位置づけるサービス）を始める
　　　－Louis Vuitton（ルイ・ヴィトン）がホテルを始める
　　　－Appleが音楽配信サービスを始める

　こうした事例はすべて、モノを扱ってきた企業の「コト化」を表してい
る。一方で、D2Cブランドは上記のトレンドに反し、メガネ、スーツケー
ス、洋服、スニーカーなど「モノ」を売る会社だ。
　「モノからコトへ」という大きな消費トレンドの中で、D2Cの勃興はどの
ように解釈したらいいのだろうか。

　結論から言うと、D2Cは「モノからコト」から「コト付きのモノ」へと
いう新たな流れを作っている。
　スーツケースのD2CブランドであるAwayは、「旅」に絡めてポップアッ
プのホテルを開き、Casperは「睡眠」に絡めて、25ドルで45分間の仮眠を
取ることができるThe Dreameryというデザイン性の高い睡眠スポットを
ニューヨークの中心部で展開している。
　D2Cは「モノからコトへ」という消費トレンドの"シフト"ではなく「コ
ト付きのモノ」という"積層"によって、新たな価値を提供する。

図1-8 「モノからコト」へ、そして「コト付きのモノ」へ

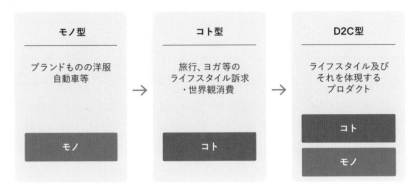

優れた顧客体験を提供する、インターネットサービスであるという「コト」的な側面を持ちつつも、リアル店舗を持ち、実質的な「モノ」を核としながら世界観を作り込む。顧客との関係性をより深め、紡いでいく。このハイブリッド性にこそ、D2Cの強みがある。

　本章ではD2Cの「本質」を、事例とともに明らかにした。次章からは、D2Cを既存のブランドと比較したときの大きな特徴となる「世界観」についてより深く掘り下げていきたい。

2-1　自ら雑誌を発行するスーツケースブランド

手元に、『HERE』 という雑誌がある（次ページ参照）。

箔押しされた表紙は高級感を感じさせ、ページをめくると「有名作家が旅行に行くとしたら何を持っていくだろう」といったテーマの、想像力を掻き立てる特集が目に飛び込んでくる。そこには、ジャック・ケルアックやレイモンド・カーヴァーなど歴史的な作家のスタイリッシュなイラストレーションが並ぶ。また、英国ウェールズの大自然を収めた美しい写真、アーティストのインタビュー記事などが組まれ、文章を読んでも、知性とウィットに溢れた表現が続く。そのクオリティは、ファッション誌の最高峰『VOGUE』やライフスタイル誌『Kinfolk』と比べても決して見劣りしない。

この雑誌を作ったのは、スーツケースブランドのAway。

2015年創業ながら、2018年の売上は約150億円。2019年はその倍の売上を見込むブランドだ。

そのAwayが、雑誌『HERE』をスタートしたのは2017年7月。2019年現在第10号まで続いている。『HERE』は10名弱の編集チームを抱え、独自のWebサイトも持っている。SNSなどにすべて独自アカウントを持ち、高い独立性で運営されている。

スーツケースブランドが雑誌を作っていることも驚きだが、実は、Awayが紙媒体のメディアを作ったのは『HERE』が初めてではない。Awayはスーツケースというプロダクトを売り出す前から、本を作り販売していた。

最初の"プロダクト"は書籍

Away創業者のジェン・ルビオとステフ・コーリーは、創業初年の2015年、クリスマス商戦を目指して開発・製造を進めていた。しかし、プロトタ

資料：Away HP より

イプがどうしてもうまくいかず、狙っていた時期にはリリースが間に合わないことが判明。そこで、彼女たちは機転を利かせ、スーツケースの代わりに、クリエイティブ業界のライター、アーティスト、写真家など40名をインタビューし、それを編集した書籍を販売することにした。

『The Places We Return To（いつか戻ってくる場所）』と名付けられたその書籍は、2015年11月にスーツケースと引換え可能な先行予約券付きで225ドルで売り出されることになる。逆境を逆手に取ったユニークなアプローチと、高いクオリティのコンテンツがSNS上で注目を集め、すぐさま1,200冊が売り切れた。

これ以降、ストーリーテリングを用いて様々なメディアを活用し顧客と心理的つながりを作っていくのは、Awayの重要な戦略の1つになっている。

『HERE』には、Awayのカタログとしての機能はほとんどない。その代わり、旅がもたらすライフスタイルや、実現したい世界観が余すことなく表現されている。毎号、美しいイラストや写真などのビジュアルと、何万字もの長文記事が並び、読者にブランドが創りあげる世界に没入してもらうことができる。

自社で雑誌を作っているのはAwayだけではない。第1章で紹介したように、マットレスを扱うD2CブランドであるCasperも『WOOLLY』（羊毛のような、ふんわりした、という意味）という名の雑誌を作っている。

AwayやCasperは、雑誌を作ることによって、プロダクトに加え、ストーリーや写真、またそれらから構成される世界観を届けている。そして、その世界観をベースに顧客との関係を築くことで、顧客は気づけばブランドの忠実なファンになっている。

プロダクトブランドから切り離され、カタログとしてではなく独立して運営されている雑誌メディア。そして、「プロダクトのおまけとしての書籍」ではなく、「プロダクトをおまけとして組み合わせた書籍」。これは、D2Cブランドにとって、いったい何を意味するのだろうか？

それを理解するための重要なポイントが「世界観」だ。

この章ではなぜ世界観が重要なのか、D2Cブランドが世界観をどのようにビジネス上の競争力に転換していくかを考察していきたい。

2-2　　　　プロダクトをあえて売らない

　Awayの Web サイトや Instagram の雰囲気は、競合のスーツケースブランドのそれとはまったく異なる。
　競合ブランドの Web サイトには「サマーセール！」「新発売！」「送料無料！」といった「売るためのメッセージ」が数多く並ぶ。そうしたメッセージの横に、プロダクトを大写しにした写真が配される。

　一方、Away の Web サイトはまるでアートギャラリーのようだ。

Away の Instagram ページに並ぶ美しい写真の数々

資料：Away Instagram より

　タイムラインには、クリエイティブクオリティの高い写真が言葉少なに並

39

ぶ。他社のWebサイトに掲載されている写真とは異なり、プロダクトではなく、人物や、その人物がいるシーンにフォーカスしている。

これは、Awayが「プロダクト」を売る会社ではない、ということをわかりやすく象徴している。

Awayは、自らを"旅"を売る会社、と位置付ける。彼らが販売しているのは、スーツケースではない。「旅のある生活」という世界観そのものなのだ（図2-1）。

図2-1　販売する対象の変化

世界観とは「ユニークで心に刺さる、ブランドの見た目、語り口、振る舞い、佇まいについての基本方針とその実装」のこと。言い換えれば、すべてのロゴと製品を隠したとしてもそのブランドだとわかる、ブランド独自の雰囲気や空気感のことだ。

たとえばディズニーランドに行くと、独特の雰囲気と、ブランドとしてのキャラクターがある。そこで流れている音楽、スタッフの接客、アトラクション、建物の色や質感、食事などはすべて同じ世界観で統一され、他のどのエンターテインメント施設もマネすることはできない。

また、Appleは、開放感のある全面ガラス張りの店舗、高い天井、快活なスタッフ、アップテンポの音楽、美しく並べられた製品、明るい色の木の長机などが統一されていて、それらがApple独自の世界観を形作っている。フレンドリーでありながら大衆的な感じはせず、現代的でクールなビジュアル表現がされているのも全世界共通だ。

どの国のどの店舗に行っても、Apple Storeとしての表現が統一されてい

る。目隠しをして連れてこられ、すべてのロゴと製品を隠したまま目隠しを外されたとしても、誰もが今自分はApple Storeにいる、とわかるだろう。

　優れたブランドは、他社と差別化できる世界観を築いている。そして、対外的に発するイメージ（画像などの視覚情報を通じて発せられる印象）と、コミュニケーションの方法（語り口、キャラクター設定）を緻密にコントロールしながら、様々な方法で世界観を提示している。

　もちろん、AppleやDisneyの例を見てもわかるように、世界観の提示というのはD2Cブランドが始めたわけでも、彼らの専売特許でもない。世界観を通じて顧客にメッセージや商品の価値を届けよう、というのはD2Cブランド以前から、多くのブランドが行ってきたことだ。百貨店に入っているような多くの高級ブランドも、独特で高級感のあるビジュアルを中心に、その世界観を顧客に届けてきた。

　しかし、D2Cブランドの世界観の作り方は、従来のブランドのそれとはまったく異なる。彼らの世界観の作り方は、デジタルの時代、新しい消費スタイルを持つ若い世代にも呼応し、深みのあるものとなっている（図2-2）。

　D2Cのブランディング方法をつぶさに見てみると、それらは単なるノウハウではなく、もっと大きく本質的な変化の「兆し」だとわかる。

　彼らは、世界観を通じプロダクトをコンテンツ化し、ブランドをメディア化している。彼らの世界観を通じたブランディングは、今後メーカーやブランドが顧客と新しい関係を築いていく際の"基本動作"になっていく可能性を秘めている。ここからは、D2Cブランドの世界観の特徴やその作り方を詳しく解説していきたい。

図2-2　D2Cブランドと伝統的なブランドの世界観の比較

D2Cブランド		伝統的なブランド
コアバリューの"コンテナ"	世界観作りの目的	プロモーション
本何冊分ものストーリー （書籍、雑誌、ポッドキャスト）	表現の手段	数種類のイメージ（広告）
ブランド	語るレイヤー	プロダクト
語りかけ - 理解モデル	認知の方法	刺激 - 反応モデル
倫理的価値	訴求する価値	高級感・機能性
ミレニアル世代以下	対象世代	X世代以上
ブランドとユーザーの共創	作り手	ブランド

2-3　　　　　新しい世界観の作り方

「有限」から「無限」へ

　伝統的なブランドにとって「世界観」といえば、ポスター広告やわかりやすいキャッチコピーなど、視覚的なイメージを想起させるものだった。これは、短く、かつ単発的なコミュニケーションにブランドが依存していたことの表れだ。かつては、雑誌や新聞の限られた紙面、数十秒のCMなどを通じてしか、顧客とのコミュニケーションの手段はなかった。「有限の枠」にどうメッセージを詰め込むかが重要なポイントだった。

　雑誌広告であれば、1枚ないしは数枚の写真を1つの作品であるかのように徹底的に作り込み、それらを半年や1年にわたるキャンペーンで何度も使

い回す。CMであれば、15秒の中で何度も商品名を連呼し、タレントを使って印象付けるのが主なアプローチだ。これは物理的なサイズや時間が限定的な中では、最適な方法だっただろう。

　一方、インターネットやSNSの登場で、表現をするための"枠"は実質的に「無限」になった。そして、その表現手法もまた無限に広がっている。この増加分は、ほとんどすべてがインターネットやSNSが生み出したものだ。
　そこでは、消費者自身もブランドも、「枠」や「尺」から解放されている。極端な話、ブランドは世界観の表明のために『ハリー・ポッター』より長い小説のシリーズを作ることも可能だ。また、『サザエさん』より長いテレビシリーズを自身で制作してYouTubeで流すことだってできるだろう。

　そうした情報空間やコミュニケーション空間の中では、数枚の写真を使い回すようなコミュニケーションは通用しない。

「単発のステージ」から「連続ドラマ」へ

　枠や尺から解放され無限のコミュニケーションが取れるようになった結果、これからのブランドは、（15秒CMという「単発のステージ」ではなく）あたかもシリーズ化された「連続ドラマ」を放映するように、深くファンを魅了しなくてはならなくなった。そのためには、ノベライズ版や映画版にまで発展させるような長期的な世界観の設計が必要になる。
　だからこそ、これからのブランドにはある種の「奥行き」や「深み」が求められていく。たとえば、創業ストーリー、製品の生産工程、実現したいライフスタイル、ロイヤルカスタマーのエピソードなどを、SNSなどを使いながら、顧客に提供していく。

The Expandables are here. Explore now.

AWAY　　Shop ∨　Explore ∨　　　　　　Help　Our stores ∨　Log in　🛍

What we believe

We live in an age of access. Anyone can go everywhere. The world is a shared place, and every trip is part of the exchange, no matter the destination. We believe in making connections: on the road, online, and in person. We value access over aspiration, and exploration over escape. For us, all time away is time well spent.

We also believe in leaving the world better than we found it, and we want to help make a difference through the things we make, the platform we have, and community we create. That's why before we sold a single suitcase, we partnered with Peace Direct, a nonprofit building peace in areas of conflict around the world. If you've bought anything from Away, you've also contributed to their work. Because we're all in this together.

💬 Questions? Ask Away.

引用元：Away HP より

　Awayの創業者、ジェン・ルビオもこのように言っている。

"At Away, we know that the difference between a good product and a bad brand is emotion, and that context is everything."

「Awayにおいては、いいプロダクトと悪いプロダクトを分かつのは感情だと思っている。そして、なによりコンテクストが重要だ」

　Awayは、必要以上にプロダクトの機能について話したりはしない。コンテクストや世界観を語ることで、より深い共感を獲得している。

　ここには根本的な発想の転換がある。

　伝統的なブランドが、単にSNSアカウントなどを開設しチャネルを増やしても、現代の顧客に求められるわけではない。これだけ選択肢が多く、SNSで情報が無限に流れてしまう時代に、ただ便利、安いというだけの価値では、「もっとさらに知りたい」、「気になる」という感情は喚起されない。

これからのブランドには、無機質な情報を一方的に流すのではなく、重層的かつ奥行きのあるコミュニケーションが求められていくのだ。

「シングルチャネル」から「マルチチャネル」へ

豊富な世界観は、単一のイメージや数文字のキャッチコピーだけでは届けることが難しい。ブランドは必然的に、様々なメディアで様々なタイプのメッセージを発信していく必要がある。デジタルの可能性を極限まで活用した「コミュニケーションチャネルの多様化」と「世界観の重層性」の2つを兼ね備えていることが、D2Cブランドの大きな特徴となる。

ユニークなメディアと豊富なナラティブを使いこなしブランドの世界観を届けていく、これが新しいブランドのコミュニケーションのあり方だ。

Awayはスーツケースではなく、「旅のある生活」を販売している、と書いた。そこでは同時に「旅に行きたくなる気持ち」を喚起し続けるようなコミュニケーションが行われている。エキゾチックで美しい写真を見る、誰かにエピソードを聞く、旅行記を読む……人はいろんなきっかけで「旅に行きたくなる気持ち」を喚起される。そうした多様な「きっかけ」を多様なまま届けていこうというのがAwayのアプローチだ。

先述した雑誌『HERE』もこうした文脈の上に展開されている。

『HERE』は、ブランド自身が大量のストーリーコンテンツを一定のリズムで生産していくための仕組みとも解釈できる。「旅」はAwayにとってコンセプトであると同時に、無限に様々なコンテンツを拡張し展開し続けていくための装置にもなっている。「旅」というコンセプトと『HERE』というメディアがあるからこそ、Awayは顧客とコミュニケーションを交わし続けることができる。

Awayの「旅を売る会社」という拡張された事業定義は、ストーリーやコンテンツが生まれる余地を大幅に拡大する機能を果たしている。

旅に行きたくなる気持ちを喚起する『HERE』のコンテンツ

店内でも、同様のメッセージが打ち出されている

「刺激−反応モデル」から「語りかけ−理解モデル」へ

　伝統的なブランドが行ってきたコミュニケーションは、「瞬間のインパクト」に大きく依存するものだった。

　瞬間的に最大の刺激を生むビジュアルが重要であり、だからこそ印象に残るようなビジュアルや短いコピーライティングが重要だった。これを「刺激−反応モデル」と呼ぼう。

　一方、D2Cブランドはそれとは逆の「語りかけ−理解モデル」で認知を獲得している。

　D2Cブランドは、長い言葉で語りかけながら、世界観を理解してもらい「長期の関係」を築くためのコミュニケーションを上手に組み合わせている。以下に挙げるのは、「語りかけ−理解モデル」の代表的なコミュニケーション手法だ。

1. ポッドキャスト

　声というのは、非常に親密なコミュニケーション手段だ。イヤホンで人の声を聴いていると、横にいる友達に語りかけられているような錯覚を覚えることがある。

　ポッドキャストは、文字通りブランド・ボイスをそのまま加工なく届けられるメディアだ。

　ポッドキャストは長年ゆっくりと堅調な成長をしてきたが、ここ数年で急激に伸びており、大きな変曲点を迎えている。アメリカで大きな影響力を持つVCであるアンドリーセン・ホロウィッツのポッドキャストで紹介されていたEdison Research社の調査結果によると、アメリカ人の半数以上（約1億5,000万人）はポッドキャストを一度は試したことがあり、32%（前年比123%）は月に1回以上ポッドキャストを聴いているマンスリーリスナー。今世界には66万以上のポッドキャスト番組が存在し、Ovum社の調査では、

2016年に2億8,700万人いた世界のポッドキャスト人口は2023年には18.5億人にまで増加すると予想されている。

　こうした流れを受け、ブランドのコミュニケーションにポッドキャストをうまく活用するD2Cブランドは多い。Awayも「Airplane Mode」というポッドキャストを展開。Dollar Shave Clubも、創業した直後からポッドキャストを展開している。
　また、COACHのような伝統的なブランドも、自前のポッドキャスト開設に踏み出した。

　ポッドキャストは、あるゆるメディアの中でもっとも"intimate（親密）"に感じられるメディアだ。情報の海に溺れがちになる中、ポッドキャストは、ゆっくりと没入して1つのメディアに触れることができる（ポッドキャストのマンスリーリスナーの70%が、「ながら聴き」ではなく他に何もせず集中してお気に入りの番組を聴くときがあるという）。
　ポッドキャストの最大の魅力は、クリエイターとリスナーの距離が近く、パーソナルな関係を築ける（という感覚を得られる）こと。声からは、その人の個性や人間味、世界観が感じ取れ、そこには嘘や偽りがないように感じられる。

2. 雑誌
　ポッドキャストだけではなく、雑誌も「語りかけ−理解モデル」に即したものだ。
　現代人は、情報収集の9割をスクリーン経由で行うという。もちろん、その間ずっとコンテンツに没頭していることはない。人々はアプリとアプリやコンテンツとコンテンツの間をスイッチしながら、コンテンツと「薄い」関係を築いていく。アプリ間のスイッチができない紙の雑誌はむしろ人々を没入させやすく、「濃い」関係を築くことができる。

また、雑誌はもっとも正確かつ大量に、深く情報を届けることができるメディアでもある。言葉のみならず、ビジュアル、構成、特集の組み方、紙の材質など、言葉以外の要素でも世界観を表現できる。モノとして保存されるため、時代性にとらわれない普遍的なコンテンツを掲載し、ストックとしての価値を持たせることも可能だ。

　先に紹介したように、Casperは『WOOLLY』という別のブランド名で雑誌を展開している。創刊号は17名の外部ライターと19名のイラストレーターと連携して作成。これまでに30,000部を販売したという。特集には「ヨガインストラクターの告白」「内向的な人のためのエクササイズ法」「羊が1匹……以外の入眠方法」などユーモラスなものが並ぶ。

　『WOOLLY』の責任者、リンドセイ・カプランは「『WOOLLY』が寝室の電気スタンドの脇や、リビングのコーヒーテーブルの横に置かれることを願う」と言う。このように生活風景の中に自然にブランドとのタッチポイントを置くのも、フィジカルな雑誌だからこそ可能になることだ。

　ちなみに、Awayの雑誌『HERE』は広告収入も得ている。『HERE』を開くと、他のD2Cブランドの広告が飛び込んでくる。Awayにとって雑誌はコストセンターではなく、プロフィットセンターとしても機能しているのだ。

3. 映像

　ストーリーや世界観を伝える、という観点での「究極形態」が長尺の映像作品だ。2019年4月には、Airbnbがドキュメンタリー制作に乗り出すと発表し話題になっている。

　映像についてはアメリカ発のD2Cより先を行っている事例が日本にあるので紹介したい。

　「北欧、暮らしの道具店」というECサイトを運営するクラシコムは、独

自でドラマシリーズを配信して好評を博している。

　「青葉家のテーブル」は、現代的な拡張された家族（母子と母親の友達とその彼氏の４人）の暮らしを描いたストーリーをシリーズ化している。

　短く、簡単に消費可能なコンテンツが溢れる中で、数十分のエンゲージメントを要するドラマは、他のコンテンツと圧倒的な差別化を可能とする。30分間の映像コンテンツにじっと観入るユーザー数は、Instagramの写真を観る人よりははるかに少ないだろう。しかし、その体験の質は、他のコンテンツよりはるかに深いものになるはずだ。

「北欧、暮らしの道具店」が手がける「青葉家のテーブル」

第1話 トモダチのつくりかた

資料：北欧、暮らしの道具店HPより

「プロダクトレイヤー」から「ブランドレイヤー」へ

もう1つ重要となるのは、世界観はプロダクトのレベルではなく、ブランドのレイヤーで作っていくべきということだ。

消費者ブランドは、製品単体に対して世界観を作り込んでいることが多い（図2-3）。

図2-3　D2Cブランドと伝統的なブランドの世界観のレイヤーの違い

プロダクトを発売するたびに「他の商品と比べてこんなに軽い」「これでスッキリ爽快感を得られます」など、そのプロダクトの周辺にナラティブを作っていく。仮にブランドのレイヤーで語ることがあるにしても、「世界を前に進める」「社会の一員として……」のような当たり障りのない抽象的な言葉で表現されていることが多い。

メッセージの発し方が曖昧になりがちなのは、ブランドレイヤーでのメッセージの発信が、直接売上につながりづらいことにも起因しているのだろう。しかし、人々がモノではなく世界観に反応するようになる中で、企業はより自社のスタンスを明確にし、発信していく必要がある。

環境保護のスタンスを明確に打ち出す、靴のD2CブランドであるAllbirdsのHP

A native of New Zealand, Tim Brown was always well versed in the magical qualities of merino wool. Inherently curious, he began asking himself why such a remarkable, sustainable resource was virtually absent in the footwear industry. And with that spirit of wonder, the Allbirds

資料：Allbirds HPより

　ブランドレイヤーで世界観を作り込んでいるD2Cブランドも、製品ラインナップを広げ続けてしまうと、プロダクト単体の語りが多くなる引力が生じてしまうのも事実だ。しかし、そうした中"世界観のコンテナ"として作用する雑誌のようなメディアがあることで、常にブランドレイヤーのナラティブを、システマチックに生産することができる。

　また、AppleやNikeのような強力なブランドがそうであるように、ブランド自体のファンというのは、新しいプロダクトが発表されるたびに、まだ試してもいないのに「楽しみ！」とSNSでつぶやき、発売時には「買った！」、使用後には「すごくいい！」と勝手に宣伝してくれるものだ。それは、プロダクトではなくブランド全体に対して愛着と信頼があるからに他ならない。

　Awayは、世界観が非常に重要な要素であることを自覚し、その感情の発

生装置として、ストーリーやコンテクストを巧みに用いている。Awayの創業者自身も認めている通り、スーツケース自体は、Samsoniteなどの競合が真似しようと思えば一晩でできてしまう。しかしAwayは、競合に顧客を奪われることはない、と考えている。なぜなら、Awayの顧客はスーツケースというモノを買うと同時に、Awayが作る世界観を買っているからだ。

『HERE』のような雑誌と、そこで語られるストーリーやナラティブがあることで、モノと心理的に結びつくのではなく、ブランドそのものと結びつきを感じる効果が生まれる。このようにD2Cブランドは、機能を巡る競争から、世界観を巡る競争へとレイヤーがずらされている点でこれまでのメーカー企業とは明確に異なっている。

2-4   意義を求める世代

本物へのこだわり

D2Cブランドがここまで世界観を重視しているのは、主要ターゲットであるミレニアル世代（1981〜1997年生まれ）やZ世代（1998〜2016年生まれ）が、世界観の訴求に強く共感するからだ。彼らは、消費に対してそれまでの世代とは違う価値観を持つ。彼らがアメリカで最も大きな消費グループとして台頭してきたことにより、世界観はより一層重要視されるようになった。

A.T. カーニーの「未来の消費者像：『物質的な豊かさ』から『つながりや影響力』へ」というレポートには、こうした世代の特徴が簡潔にまとめられている。彼らは「ブランド」全般を基本的には信頼しておらず、本物であること、社会にとって意味のあることを期待し消費を行う。また、新しい世代

は、世界観、パーパス（企業の目的、存在意義）といった内容に反応する。

　高齢化が進む日本の人口ピラミッドの形は、グローバルのピラミッドとは一致しない。それでもこの世代が重要なのは、グローバルで見ると今後こうした世代が消費の大部分を牽引していくからだ。

　2027年には、ミレニアル世代が19億人、Z世代が23億人と、非常に大きな消費グループを形成する。Z世代は、現在アメリカの人口の4分の1に上り、2020年までには消費の40%を占めると言われている。今後のブランドは、彼らに受け入れられるモノを作らなければ、長期的に生き残っていくことは難しい。

歴史ある大企業に対する信頼の低下

　ブランドと顧客の関係の変化を考えるときに重要なのが、一般消費者がブランドや大企業、政府などを信頼しなくなってきているということだ。この変化は世代や国に関係なく全世界的に進んでいる。「大企業やブランドを信頼する」と答える人は、5年前と現在とを比べるとアメリカでは55%から36%へ低下。日本ですら55%から44%へと低下している。

　かつては権威があって伝統的なブランドは高く評価され、信頼されていた。しかし、これからは歴史ある大企業であるというだけの理由で消費者と信頼を築くことはできない。

　生活のあらゆる側面において、日々新しい企業が新しいサービスをリリースしている。Amazonで日用品の買い物をし、マネーフォワードで家計の管理をし、Uber Eatsで食事をデリバリーし、LINEを使って日々のコミュニケーションをする。日常生活において、歴史ある大企業と消費者との接点はだんだんと減ってきている。

　また、情報の非対称性がなくなりつつあることも大きいだろう。これまで

はメディアにネガティブなことを報じられない限り、企業は評判を維持することができた。しかし、企業が情報をコントロールできなくなってきた結果、従業員や消費者がインターネットを通じて「不都合な真実（産休が取りづらい、カスタマーサポートの対応が悪かった、女性蔑視の経営者がいる）」を拡散し、評判を落とす大企業が増えている。

　歴史や規模、過去の実績のみによって信頼を獲得してきた企業は、信頼関係の構築方法をアップデートする必要があるように思う。

若者が求めるのは「精神性」

　ミレニアル世代やZ世代には、いくつか特徴的な価値観がある。

　調査会社のDo Something Strategicによると、アメリカではZ世代のうち78％は環境や倫理への配慮がなされた商品に対してポジティブな印象を持っている。そのうち53％は実際に購入したことがあり、23％は購入を検討したことがあるという。そして、85％のZ世代は、彼らが働く企業は社会的問題に対して何らかのアクションをとる必要があると考えている。

　第2に、この世代は所有物ではなく行動こそが自分を表現している、と考えている。「何を持っているか」ではなく「何をしているか」、「どういうものに興味を持って活動しようとしているか」によって個性は形作られる、というのがこの世代の考えだ。

　この世代はそもそも「ブランド」というものを信じていない。その一方で、社会、倫理、正義といった言葉に深く反応する。これからのブランドは、彼らが心の奥底から共感できるようなメッセージを発し、アクションを起こしていく必要がある。彼らが求めているのは、ビジネスのロジックだけでは説明できない志のようなもの、いわば「精神性」を備えたブランドだ。

　ブランドは、この「精神性」をプロダクトに編み込んでいくことが求められる。これはマーケットリサーチを通じたニーズ調査や、ポジショニングだ

けで生み出せるものではない。マーケットの声を大事にしながらも、ブランド側が社会の大きな課題の中に自らを位置づけ、主体的に深く強いメッセージを発信する必要がある。

　このメッセージを届けるのに最適な方法こそが世界観とストーリーだ。
　2-5からは、D2Cブランドが具体的にどのように世界観を作っているのか、いくつかの事例を見ていこう。

2-5　　D2Cブランドの世界観の築き方実例

アメリカ文学史のカリスマと現代的UXの統合：Warby Parker

　アイウェアを扱うD2CブランドであるWarby Parkerの社名は、アメリカの作家ジャック・ケルアックの未完作品の登場人物、Warby PepperとZagg Parkerという2人の登場人物に由来している。

　ジャック・ケルアックはアメリカのビート・ジェネレーション（1950年代から1960年代にかけて、アメリカ文学界で異彩を放ち、当時の若者文化に影響を与えた作家グループ。音楽やアート、映画にも多大な影響を与えた）を代表する作家の1人。大学中退後に放浪しながら書かれた『路上』や『孤独の旅人』は当時のアメリカのヒッピー・カルチャーのバイブルとしても崇める人も多い。熱烈な信奉者も生み、ジム・モリソンやボブ・ディランなどのミュージシャンにも大きく影響を与えた作家だ。ジャック・ケルアックは、Warby Parkerの社名の由来となっているだけでなく、そのカルチャーにも深く影響を及ぼしている。

ジャック・ケルアックの著書に『ザ・ダルマ・バムズ』という作品がある。決してケルアックの代表作とは言えないが、自伝的な内容で、主人公が瞑想し、放浪し、禅問答するようなストーリーが延々と続く。Warby Parkerの創業者たちはこの作品をいたく気に入っており、全社員にこの本を配っているという。

　文学、ヒッピー的な精神性。これらはWarby Parkerの世界観の背景に流れる通奏低音だ。彼らの世界観には、文学、本、図書館といったメタファーが存分に織り込まれている。

本を基調にした、Warby Parkerの店舗設計

資料：Warby Parker HPより

創業直後には、ニューヨーク公共図書館でゲリラ・マーケティングを実施。映画などで度々登場する格調高い図書館のスペースに、他の訪問者に交じってWarby Parkerのメガネをかけたモデルたちが登場した。

　ある時刻になると、モデルたちがWarby Parkerのブランドカラーと同じライトブルーの本を一斉に広げ、表紙に大きく印刷されたメガネのシリーズ名を披露。このイベントにはファッション誌の編集者たちが招待されており、大きな注目を集めた。また、スクールバスを改造した移動図書館型のポップアップストアも展開している。こうした取り組みを切り取った写真は、すべて世界観を重視した現代的なトーンでまとめられている。

　店舗の設計も非常に特徴的だ。Warby Parkerの店舗に足を踏み入れると、その独特の世界観ゆえに普通の「メガネ屋」に入ったとは到底感じられない。

　ニューヨークのソーホーにあるWarby Parkerの旗艦店には、商品棚と同じくらいの面積を占める本棚が、高さ5メートルはありそうな天井まで続く。商品棚と本棚が交互に並び、本棚は棚ごとに色彩が決められている。ある本棚は青い背表紙の本だけ、ある本棚は赤い背表紙の本だけがディスプレイされている。

　本棚の下の方にはWarby Parkerがセレクトした本が並び、購入もできるようになっている。また、セレクトした本だけでなく、『50 Ways to Lose Your Glasses（あなたのメガネをなくす50の方法）』というオリジナルの絵本も販売されている（そう、Warby Parkerは絵本まで作っているのだ）。店舗の奥にある検眼用スペースは、図書館の司書が座る机をモチーフに空間が設計されており、大きな机の向こうにメガネをかけた知的なスタッフが並ぶ。

　加えて、各店舗では「店舗周辺で『メガネをかけながら』ゆっくり読書ができる」スポットをピックアップした手描きの地図が無料で置いてある。また、店舗の中央には巨大な長テーブルがあり、そこにはWarby Parkerの創業からのストーリーが、各年のトピックと関連付けられ並んでいる。

Warby Parkerは新興ブランドでありながら、ジャック・ケルアックのような、ビート・ジェネレーションを代表する文化的アイコンを社名や世界観のベースに置くことで、オーセンティシティ（本物らしさ）と歴史的なフレーバーをブランドに与えている。

　その高いデザイン性から『VOGUE』など一流ファッション誌に取り上げられることも多く、ファッションに目が肥えた人も愛用できるブランドだ。

原価をすべて開示する過激なまでの透明性：Everlane

　ビジュアルだけではなく、言葉や姿勢、ポジショニングによって世界観を表現しているのがサンフランシスコ発のD2Cスタートアップ、Everlaneだ。華美な装飾やデザインが入っていない、ベーシックなアパレルのラインナップを展開している。

　Everlaneが注目を集めているのは、そのプロダクトのデザインや品質からではない。"Radical Transparency（過激なまでの透明性）"と"徹底した環境配慮"の2点だ。これらが、Everlaneのメッセージ、ものづくり、PR、顧客体験すべてに徹頭徹尾埋め込まれている。

Radical Transparency

　Radical Transparency（過激なまでの透明性）は、ファッション業界へのアンチテーゼだ。ファッション業界は、流行り物を数ヶ月前に予測し、その予測に基づいて製造するスタイルでサプライチェーンを構築している。もちろん、予測はすべて当たるわけではないため、常に売れ残りが発生してしまう。売れ残ったものは翌年に販売する、などといったことはせずに基本的にすべて廃棄。業界全体では、作った量の約半分を焼却廃棄しているとも言われている。統計によってばらつきはあるものの、日本だけでも10億から30億着とも言われるほどの衣料品が毎年廃棄されている。

最近では、Burberry（バーバリー）が2017年の1年間で42億円分の商品を焼却処分していたとして大きな批判を浴びたが、これはファッション業界では珍しいことではない。ファッション業界は、売れ残りはセールにかけるが、それでも売れない場合はブランドイメージと価格水準を維持するためアウトレットへ出し、それでも残ったものは焼却処分するのが一般的だ。

　ファッション業界は、こうした過剰製造と廃棄の問題だけでなく、サプライチェーンにも大きな問題を抱えている。製造の過程で、ろ過が難しいマイクロプラスチックや染料をそのまま下水に流していたり、途上国では児童労働や過重労働を強いていると問題視されることもある。
　こうした業界の課題に対して、強いアンチテーゼを唱える姿勢そのものがEverlaneの世界観を作っているのだ。
　これは、所有物ではなく「行動」によって価値を示す、というZ世代やミレニアル世代の価値観にマッチする考え方だろう。

　EverlaneのWebサイトで商品をクリックすると、商品画像の下に、工賃、材料費、輸送費などその製品の原価を示した"Transparent Princing（透明性の高い値付け）"というイラストが表示される。

　加えて、普通のアパレルブランドで販売されるといくらになるかも併せて表記されている。その金額はEverlaneよりはるかに高い。たとえば28ドルで売られているメンズのTシャツを見てみよう。素材3.33ドル、ハードウェア（チャックなど）0.70ドル、工賃4.25ドル、関税1.67ドル、輸送費0.41ドル、合計コストは10.36ドル。Everlaneはそれを28ドルで販売しているが、一般的な小売では55ドルで販売されている、と表示されている。
　そしてTransparent Pricingのすぐ下には、「We believe customers have the right to know what their products cost to make.（顧客には、自分たちが買う商品のコストを知る権利があるはずだ）」というステートメントが明記されている。

Everlaneの徹底した情報開示への取り組み

Webサイトで訴求される伝統的ブランドとの価格差

加えて、商品詳細の一部には、「See the Factory（工場を見てみる）」というボタンがあり、クリックするとベトナムのホーチミンにある工場の様子を豊富な写真を通して覗くことができる。休憩しながら微笑みかける人、工場で縫製している様子……これらのコンテンツ提供を徹底して行うのが、Everlaneのすごいところだ。

Everlaneのホーチミン（ベトナム）にある工場の様子

資料：Everlane HPより

　また、売れ残りを焼却処分しないために、売れ残った商品は「Choose What You Pay（あなたが値段を決めてください）」と書かれたコーナーで販売する取り組みも行われている。

　さらに毎週火曜日は"Transparence Tuesday"と銘打って、工場やオフィスの様子をライブ中継している。そこでは、どういうオフィスで誰が商品の企画を行っているのか、どこの工場でどのような商品を作っているのかが丸裸にされている。

これまでのアパレルブランドは、情報の非対称性を利用して「欠乏感」や「希少性」「ミステリアスなイメージ」を創り出してきた。Everlaneは逆に、これまでブランド側が隠していた情報すべてを徹底的に開示する。また自社の流通網からプラスチックを全廃することを掲げ、環境負荷が低い製法と素材を用いたシューズのラインナップを新たに立ち上げている。

　Louis VuittonやPRADA、Apple Storeなど、ブティックや高級ブランドの店舗が建ち並び、ニューヨークの高級ショッピングエリアとして有名なソーホーの一角にあるEverlaneの店舗は、休日には並ばずには入れないほど混雑している。並んでいる人には水が配られるが、その水もプラスチックのペットボトルではなく紙パックという徹底ぶり。Everlaneは、こうした些細なアイテムを含め、すべてのタッチポイントで自分たちの世界観を貫いている。

利益を労働者に還元する Black Friday Fund

　Black Friday Fund（ブラックフライデー基金）という取り組みも紹介しておきたい。

　ブラックフライデーとは、感謝祭（11月第4木曜日）の翌日の金曜日のこと。アメリカで1年でもっとも売上が上がる日の1つだ。この日は休日とする職場が多く、ブランドにとってはクリスマス商戦の初日に当たる。
　Everlaneが行っている、毎年、この日に上がる利益のすべてを工場の労働環境向上のために充てるという取り組みがBlack Friday Fundだ。
　ベトナムにある工場では、従業員の多くがモペット（原付バイクのようなエンジン付き自転車）で通勤するのにもかかわらず、安全なヘルメットを持っていなかった。ある年、Everlaneはこの基金を活用し、その工場の全従業員8,000人に安全で快適なヘルメットを製造し、無償で配布した（なお、ビーチクリーンに基金を充てる年もあり対象は状況により変わっていくよう

Everlane の Black Friday Fund の取り組み

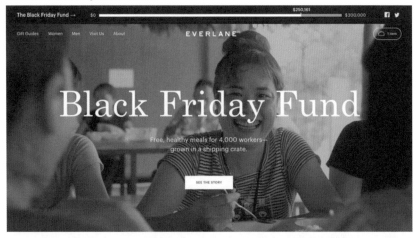

資料：Everlane HP より

だ)。Webサイトには同様の取り組みについての情報が豊富に載っている。

　Everlaneのプロダクトは、これといって特徴があるわけではない。「シンプルでエレガント」を謳っているが、プロダクト品質だけを見れば、コモディティと言ってもいい。しかしその世界観は現代的なラグジュアリーにあふれている、と言っていいだろう。

　実際に使っていて、プロダクトの品質には首を傾げたくなるような部分もあるが、プロダクトのレイヤーではなくブランド全体の世界観のレイヤーで競争力を構築している点にEverlaneの強みがある。

SNSでシェアしたくなるED（勃起不全）薬：Hims

　ヘルスケアブランドのHimsは創業わずか3年でユニコーン企業入りした急成長のブランドだ。主力製品の1つとして特許切れしたEDのジェネリック薬、シルデナフィルを扱っているが、その世界観とUXで多くの顧客を惹きつけている。

　とある診察室。男性医師に対して症状を相談する50〜60代の白髪の白人男性。あるいは、リネンのズボンをはいて、白髪の女性と連れ添って海岸を歩く50〜60代の男性。

　これまでの大半のED薬はこうしたイメージ写真を使った広告で顧客にリーチしていた。ターゲットは50〜60代の男性であり、逆に言うと、これまでミレニアル世代が親しみを感じることができるブランドは皆無だった。

　だが、実はEDは年配の男性だけの症状ではない。30〜40代でも数十パーセントの人が悩むと言われる症状だ。EDは私的で、不名誉で恥ずべきことと思われているため、若くしてEDに悩む人は、滅多に使わないWebブ

シンプルさが特徴的なHimsのサイトと商品デザイン

ラウザのシークレットモードを開き、症状や周囲の医療機関について調べ、誰にも知られないようにこっそり病院に通う。彼らにとって「EDであること」は、医師以外の誰にも相談できない、孤独に対処すべき問題だ。そして、処方された薬は洗面所の引き出しの奥や、ポーチの底の方にこっそりしまわれる。

健康の問題をオープンに語る社会へ

　Himsが実現したいのは、これとは真逆の世界観だ。Himsは、これまでのED薬のブランドとまったく違うターゲットとアプローチを採用している。Himsのブランディングを担当したクリエイティブエージェンシー、Partners & Spade（現Mythology）の共同創業者、アンソニー・スペルデュティは、Himsのラベルのついた薬のボトルが洗面所で堂々と陳列され、男性の誰もが自身の健康の問題についてオープンに語り合う社会を作りたい

と考え、ブランディングを行った。ブランドのファンが、Himsのロゴ付きのTシャツやパーカー、マグカップすら使うような社会だ。

　そのためには、EDについての会話の内容やスタイルをポジティブなものに変える必要がある。Himsは、こうしたセンシティブな話題についてポジティブな会話や対話が行われるように、ブランドから発するメッセージを、カジュアルで明快、オープンであることと統一している。
　また、消費者が薬や健康について正確な情報取得ができるよう、Savoir Faireというフランス語の洒落た名前のブログを開設しており、そこには論文を多数引用した重厚なコンテンツが並ぶ。

親しみやすいトーンだが、学術的なコンテンツが並ぶHimsの「Savoir Faire」

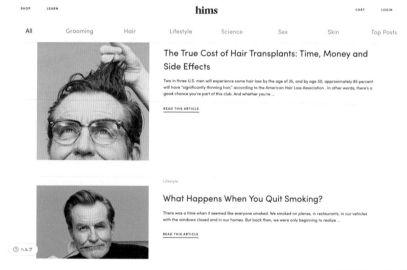

　さらに、Himsは積極的にバスや地下鉄などのニューヨークの交通機関で広告を展開する。広告には、ED薬であることの訴求は一切なし。男性がよりよいライフスタイルを送っているようなカラフルな写真が並ぶだけ、というストレートで勇敢なキャンペーンだ。

Himsのビジュアルモデルに白髪の白人男性は一切登場しない。EDに悩む人は白人男性以外にもたくさんいる。そのため、広告にはヒスパニック系、中華系、黒人の30代のモデルが並ぶ。

多様性に富んだHimsのモデルたち

資料：Hims HPより

　HimsのWebサイトは、現代的でクールな写真が並び、さながら写真家の作品集のように見える。UXも工夫されており、問診もオンラインで完結する。EDを抱える人にとっては、病院に行くこと自体のハードルがとても高いため、オンラインで問診を受けられることは大きなメリットだ。問診のUIやUXも、最先端のWebサービスと同等のクオリティに仕上がっている。

　パッケージのデザイン性も高く、なんとSNSで自宅に置いてあるパッケージをシェアする人まで現れ始めているほどだ。これは、当初目論んでいたブランディングが奏功していることの表れだろう。投稿にはHimsが積極的に反応し、顧客に対し、オープンに発信してくれたことに感謝を伝える。
　これまで自分の症状を恥ずべきこととして隠しながらコンプレックスを感

じてきた人の態度と行動をガラリと変えたのは、「Himsを使う」というライフスタイルが、それを外に対して発信しようと顧客に思わせるほどに、強く共感を得たからだと言えるだろう。

2-6　ブランドのメディア化、プロダクトのコンテンツ化

メディア化するブランド

　こうした事例からもわかる通り、消費者はより深いレベルでブランドと関係を構築しようとしている。消費者は、製品そのもののよさ、というよりは「誰が作ったか」「どう作られているか」「どういう大義のもとに作られているか」「どう自分の生活を変えていくか」といった、「意味レベルでの価値」を重要視するようになってきている。

　意味レベルの価値を顧客に感じてもらうため、ブランドは2つのことをしなければならない。
　1つは長尺コンテンツの制作。ブランドの意図やストーリーを理解してもらい、共感を醸成するためには、情報量が多く、没入的なコンテンツが必要となる。コミュニケーション手段としてポッドキャストや雑誌が重宝されるのもこうした理由からだ。

　もう1つは、コンテンツの継続的な、不断の発信だ。ブランドと顧客の関係が超長期化する中で、様々な手法で継続的なメッセージのやりとりがなされる。
　たとえば、Warby Parkerは「Home Try-On」という、オンラインでメガネをオーダーし自宅に配送、試着するプログラムを展開している。そのプ

ロセスにおいて、顧客にはWarby Parkerから合計9回もメールが届く。商品の到着や開封、返送などそれぞれのステージごとに丁寧に手続きが案内されるため、顧客はまったく迷わずにオンラインの試着プロセスを完遂できる。それどころか、コンシェルジェに丁寧にもてなされているような気分にすらなる。

　また、Himsのようなサブスクリプション型のサービスでは、サービス開始以降、関係が長くなればなるほど情報のやりとりは必然的に濃密になる。その過程で、プライベートでより親密な情報もやりとりしたりする。加えて、顧客に疾患やプロダクトへのさらなる理解を促すために、普段SNSなどでは絶対に読まないような長文の記事を勧めたりする。

　こうしたサービスでは、Webサイトのメニューが「Shop（購入する）」と「Learn（学ぶ）」の2つのみ、という大胆な設計のことも多い。

　長くなるコンテンツ、継続的な発信。

　ブランドはこうした特徴を有することで、必然的にライフスタイル雑誌のようなメディアと化す。「ブランドのメディア化」はこれからのブランドを考える上で非常に重要なキーワードだ。

　雑誌には一気通貫したテーマがあり、そのテーマをもとにコンテンツが構成される。キャッチーな表紙、タグライン、編集者のマニアックなコラム、オススメスポットの紹介、読者のスナップ写真、編集後記などさまざまなタイプのコンテンツがあるが、どのコンテンツにもその「雑誌らしさ」を垣間見ることができる。そこでは個々のコンテンツはそれ自体が目的ではなく、雑誌が届ける世界観や、大事だと思うライフスタイル、価値観を構成する「手段」として存在する。

　これまで紹介してきたAway、Casper、Warby Parker、Everlane、Himsを見ると、彼らがメディア化したブランドであることがわかるだろう。文字通り雑誌を作り、ポッドキャストを配信し、日々Instagramのストーリーで

"読者スナップ"をリポストし、写真コンテンツのクオリティに配慮している。先ほど言及したHimsの「Learn（学ぶ）」のページはまさにメディアそのものだ。

ブランド化するメディア

　ブランドはメディア化し、「ブランドとメディアの交差点」に、大きな機会が生まれつつある。そしてその「交差点」に、メディア側も歩み寄り始めている。

　『New York Magazine』のリテール部門、Strategistが作ったポップアップストアは、雑誌で紹介されたプロダクトから、レビューの高いものをキュレーションし販売している。

　『WIRED』というテクノロジーやイノベーションを主に扱う雑誌も常設店舗をオープンし、『コスモポリタン』『エスクァイア』『ELLE』などの高級雑誌を扱うメディアコングロマリットのハーストも高級ヨガマットなどのプロダクトを作っている。

　メディア企業自体が商品をキュレーションして売る、あるいは自ら商品を開発しブランドやメーカーの役割を果たす実験的な取り組みが、近年多数生まれている。まさに「メディアのブランド化」だ。

　ニューヨークで2011年に創業したStoryは、まさにそうした「ブランドとメディアの交差点」のポジションを射抜くようなスタートアップだ。「雑誌のように4〜8週間ごとに、テーマ、商材、インテリアを変化させてキュレートしていくお店」を展開。百貨店大手Macy'sに買収され、創業者のレイチェル・シェクトマンは、Macy'sのブランド体験を設計するエグゼクティブに就任した。

　また、メディア的役割を果たしているトップ・インフルエンサーたちはプロダクト紹介にとどまらず、自らブランドを立ち上げ、多数のプロダクトを展開している。女優のグウィネス・パルトロウが始めたライフスタイルブラ

ンドの「goop」がその好例だろう。

　ブランドが提供するのは、体験であり、プロダクトであり、メディアだ。
それぞれの差異は無化していく。

そして、プロダクトはコンテンツ化する

　話をD2Cブランドに戻そう。ブランドがメディア化するとき、必然的に
プロダクトはコンテンツ化していく。コスメを扱うD2CブランドGlossier
CEOのエミリー・ワイスもこう言う。

*"I think Glossier is still very much a content company. I think about our
products themselves as pieces of content."*

「Glossierはコンテンツ企業です。プロダクトですら、コンテンツの一部と
考えています」

"In the Glossier universe, products aren't just products. they're content."

「Glossierでは、プロダクトはただのプロダクトではありません。それらは
コンテンツです」

　プロダクトは、メディアとなったブランドがアウトプットする多様なコン
テンツの1つと位置づけられている。ただし、プロダクト単体でコンテンツ
として成立させるのは難しい。コンテンツはメディアのつくる文脈によって
受け取られ方が変わるからだ。だからD2Cはブランドの世界観を構成する
空間やグッズなどと組み合わせることでプロダクトをコンテンツ化してい
る。

　そうして、コンテンツ化したプロダクトは、個々の顧客にそのブランドに
ついて「語る理由」を与える。語る理由を得た消費者たちは、Twitterやブ
ログ、Instagram、YouTubeなど様々な方法でそのストーリーを語り始め

る。Glossierの例で言えば、店舗に行けば思わず写真を撮らずにはいられない凝った内装や、店員とのカジュアルなやりとり、ファーストネームが手書きで書かれた買い物袋、色とりどりのステッカーなどだ。そしてそういったストーリーは、インターネット空間内で、人から人へ伝わる伝播性を持つ。

　「プロダクトがコンテンツ化する」とは、「プロダクトがストーリーをまとう」ということだ。ストーリーをまとったプロダクトは、意味レベルの価値を持つ。そして、意味レベルの価値を持ったプロダクトは、機能レベルでの比較などされない。他のプロダクトとまったく違う価値を持ち、マーケットの中で、ユニークで絶対的なポジションを獲得することができる。

　Away創業者のジェン・ルビオは、創業前にスーツケースを商材にしたスタートアップを始めることを検討していたとき、800人にユーザーインタビューをしたという。そこで彼女が気づいたのは「誰も自分のスーツケースを愛していない」というシンプルで、驚愕の事実だった。世界の名だたるブランドがしのぎを削りながら作っていたのは、誰からも愛されないプロダクトだったのだ。

　「モノと心理的なつながりを求める」

　こうした新しい価値観は、スーツケース、髭剃り、マットレス、サプリなどの日用品や消耗品の業界には、無関係と思われていた。スーツケースなんてただの箱じゃないか、マットレスに愛着なんて持つ必要はないだろう、と。
　しかし、こうしたプロダクト群であっても、ユニークな世界観の中に位置づけることで、顧客から深く支持される存在になるということを、D2Cブランドたちは証明している。

思わず語りたくなるストーリーはあるか

　D2Cブランドのプロダクトを他社製品と比較して、「無印と同じじゃないか」「ユニクロの方がクオリティが高い」などと言うこともできる。たしかに、純粋に「プロダクト」として評価すると、成功しているD2Cブランドは同価格帯の日本のブランドに品質では劣ってしまうだろう。しかし、優れたD2Cブランドは、競争のフィールドをプロダクトの品質に置いていない。プロダクトのレイヤーではなく、ブランドの世界観のレイヤーで顧客とつながっている。

　消費者が意識するのは、「そのブランドの提案するライフスタイルが自分とフィットしているか」「ストーリーやその語り口は自分のセンスとマッチするか」といったことだ。

　これからのブランドは、ものづくりを大事にしつつも、あたかもコンテンツを作り込むように、そのプロダクトは人の心に響くか、思わず友人に語りたくなるか、そういった観点でクオリティを上げていくべきなのだろう。

　多くのD2Cブランドは、創業直後にコンテンツディレクターや、ストーリーテリング担当役員などを置いている。元雑誌編集者や、Webメディアで要職に就いていた人材が多い。こうした役職に就くメンバーはブランドが発する声・ビジュアルの全責任を負い、動画・画像・テキストなどを用いたコンテンツを制作・管理するのが主な職務だ。

　詳しくは後述するが、こうしたコンテンツやストーリーを扱う人材に対する投資が、D2Cブランドが顧客との新しい関係を築くにあたっての大きなドライバーとなっている。

モノが買えるメディア「北欧、暮らしの道具店」のコンテンツ戦略

　D2Cの定義からはやや外れるが、先述の「北欧、暮らしの道具店」はEC

とメディアを高度に統合した、グローバルで見ても稀有な存在だろう。「フィットする暮らし、つくろう。」というコンセプトの下、キッチン用品や日用雑貨など日常で使う道具を数多く取り扱っている。

　同サイトは「コンテンツマーケティング」という言葉が一般的でなかった時代から、丁寧なコンテンツ作成を行い、様々なチャネルを通じて読者に届けてきた。自らを「モノが買えるメディア」と位置づけ「ECメディア」と名乗っている。Instagramのフォロワーは80万人を超える。

　同社のメディア関連の取り組みは一般的なECサイトのそれをはるかにしのぐ。この章ですでに触れたが、成功しているD2Cブランドに先んじて映画作成まで行っている（私が知る限り）唯一のECサイトだ。

　2018年に配信を開始したオリジナル短編ドラマ「青葉家のテーブル」は各エピソードが30分弱の本格的なドラマシリーズとなっており、シングルマザーの春子とその息子、春子の年の離れた友達とその恋人、という一風変わった"家族"をベースにした物語だ。全4回配信され、YouTubeの再生回数は各エピソードで100万回を突破している。

　このドラマは「北欧、暮らしの道具店」の「店長」の自宅で撮影されている。ブランドがどのようなライフスタイルを提供したいのかのショーケースがそのまま示されていると言っていい。料理をしている風景、そこで使われる食器、部屋にところせましと飾られている観葉植物、花瓶、シンプルな家具……。ドラマの端々に映るそうしたアイテムすべてが、同サイトの世界観を体現したものだ。「青葉家のテーブル」は、ドラマの人気を受け映画化が決定。2020年秋に公開が決まっているという。

　「北欧、暮らしの道具店」はもはやECサイトというよりはメディア企業とすら言える。

　同社は、自社のことを「出版社に近い」と位置づけている。同社は他の企

業の製品のタイアップ販売もしており、自社以外の製品を数多く扱っているため、これまで紹介してきたD2Cブランドとは企業としての性質が異なるが、そのメディア戦略からは大いに学ぶところがあるだろう。

なぜユニクロは元雑誌編集長をヘッドハントしたのか

2018年5月、男性向けカルチャー誌『POPEYE（ポパイ）』元編集長の木下孝浩氏がユニクロの執行役員に就任すると報じられた。木下氏は2012年から約6年間にわたり『POPEYE』の編集長を務めていた人物。ユニクロのブランディング、マーケティング、店頭コミュニケーション、商品デザインなどを含む情報発信の"編集"に取り組むとされている。

ファーストリテイリングの柳井正会長兼社長は「『ユニクロ』が真のグローバルブランドとして成長していくためには、これまで以上に情報の編集力が重要になる」と語る。さらに、2019年6月には雑誌『LEON（レオン）』を経て『OCEANS（オーシャンズ）』編集長を務めた太田祐二氏もユニクロに参画した。

ファーストリテイリングの真の狙いは推測するしかないが、消費者ブランドを展開する企業の中に編集者が入るのは「ブランドのメディア化」を象徴する1つのおもしろい流れだ。

これまでのブランドは、コアビジョンやビジュアル・アイデンティティをベースにブランディングしていくのが一般的だった。

ブランドの一貫性を保つために、ビジュアル・アイデンティティのセットを作り、それを多様なチャネルに展開した。各チャネル上では「アートディレクター」と呼ばれる人が、雑誌広告に載せるとしたらどのような写真がいいか、そこに載せるコピーのサイズと位置はどうすべきか、店頭に並べるビジュアルはどのようなものがいいか、などを決める役割を担う。加えて、ブランドマネージャーがどのようなコンセプトで、どのような媒体に展開して

いくかを決めていく。

　一方、新しいブランドは、ロゴではなく世界観・ストーリーを360度展開していくことになる（図2-4）。

図2-4　D2Cブランドと伝統的なブランドの中心にあるもの

　ブランド側に求められるのは、ビジュアルの配慮だけではない。世界観にひもづく豊富なストーリーやビジュアルをどのタイミングで、どの媒体にどう提示していくかの構想が必要となる。

　SNSや雑誌、ポッドキャストなど、世界観を届けるための媒体が増えたため、事業ステージも考慮し、それぞれのメディア特性に応じて各コンテンツを出し分けていくことが求められる。

　これらを統合的に運用するために「Chief Content Officer」「Chief Storytelling Officer」のような肩書きを持つ人がD2Cブランドの中で増えつつある。そう考えると、ブランドが雑誌編集長を招聘するのは自然な流れだろう。

　今後、ブランドとメディアが近接し、メディア側の人材がブランドに流れていくケースはますます増えていくはずだ。

2-7　　　非効率な「ムダ」がブランドを生む

　第3章で詳しく説明するが、ブランドの世界観のファンになった顧客はブランドの伝道者（エヴァンジェリスト）になる。しかし、顧客を「エヴァンジェリスト化」するには、ユニークで心に残るようなモノや体験が必要だ。

　優れた顧客サービスで傑出したホテルブランド、THE RITZ-CARLTON（ザ・リッツ・カールトン）の従業員マニュアルには、本当に心に残るサービスというのは機能的であること（体験上のバグや瑕疵がない）に加え、ミスティーク（魔法）が必要であると書かれている（図2-5）。

図2-5　心に残るサービスが提供するもの

資料：ザ・リッツカールトンの"The 6th Diamond"より著者作成

　ミスティークの度合いは「経済合理性との距離」が長ければ長いほど高まる。一見非効率でムダなことこそが、顧客の心に響き、それが口コミなどで伝播していく。

　Warby Parkerの店舗では本棚が大きな面積を占める。メガネを陳列して

いるスペースよりも大きいほどだ。

　また、前述のとおりその店舗周辺で座って本が読めるスポットを示した手描きのシティ・マップなども置いてある。それらが直接的に店舗の売上に寄与することはない。こうした企画は、大きな企業で立案し、稟議を通そうとしても、「投資対効果が合わない」という理由で実現が難しいだろう。

　しかし、世界観を作り、それをカスタマージャーニー上に配置していくときに、機能的に構築するだけでは、顧客の心に刺さるサービスは生まれない。機能的なサービスはネガティブなポイントが無いことが徹底されているため「バグなし」にはなりうるが、顧客の感情を揺さぶる「ミスティーク」にはなりえない。

　顧客の心に残るサービスを作るには、「遊び心」「ムダ」「偏愛」といった、経済合理性からは一見かけ離れたものが必要だ。「おもしろい」「へー！」「ここまでやるのか」というレベルまで徹底的に作りこむことも感情の揺さぶりを生む。

2-8　　　顧客を「コントロール」せず、
「エンカレッジ」する

　これまで、ブランドが行う世界観の発信は厳密に「コントロール」されてきた。コーポレート・アイデンティティやビジュアル・アイデンティティに基づいてロゴを配置し、ガイドライン通り正確に運用することが求められてきた。ロゴの形、サイズ、カラーは厳密に決められ、語るべき内容も広報部が一言一句チェックしていた。

しかしSNSの普及で、そのブランドについての会話の総量は、ブランド発信型よりも顧客発信型の方が多くなっている。そこで重要なのが、すべての声をコントロールするのではなく、顧客の発信や、発信しようとしている顧客を「エンカレッジ（勇気づけ、動機づけ）」する、という発想だ。

　エンカレッジ型のマーケティングのゴールは、顧客をエヴァンジェリストにすることだ。そのためには思わず誰かに語りたくなるようなブランド体験を提供するだけでなく、口コミを伝えるためのツールやリソースを渡す必要がある。
　重要なのは「話す」ことより「聞く」に重きを置くことだ。ブランドは、単に情報やコンテンツを一方的に流すだけではなく、逆に顧客が発していること、顧客同士で交わされている会話に耳を澄ませ、人々が自分のブランドについてどのように語っているのか、どのような言葉や写真を使って発信しているのかを、じっと見て耳を傾けなければならない。

　たとえば、顧客が商品の特徴的なパッケージについて頻繁にコミュニケーションをしていれば、ブランド側からもその作成の意図などの背景ストーリーを発信した方がよいだろう。そのストーリーに反応してくれた人は、ブランドのWebサイトやSNSアカウントで積極的に取り上げた方がいい。そして、「構築した世界観のどの部分に反応するか」を観察し、世界観をチューニングしていってもいいだろう。
　ブランドの世界観をコントロールしつつも、積極的に顧客からの発信をエンカレッジした方が、結果的に顧客満足につながることが多い。ただ与えられるだけでなく自らが語り部となる経験をした顧客は、それだけでブランドに対してロイヤリティを高める。

　D2Cブランドが仕掛ける、「思わずシェアしたくなるような体験」をいくつか紹介してみよう。
　まず、製品や空間のデザイン品質は、非常に重要な要素だ。

遊び心のある Allbirds の店舗設計

資料：Allbirds HP より

顧客は、Instagramの「ギャラリーとしての格」を上げてくれるような写真を求めているため、製品デザインの必要性はこれまでにも増して高まってきている。

　CasperやAllbirdsの店舗には、インテリアの様子を写真に撮る顧客が数多くいる。店頭はプロダクトを売る場でありプロダクトを体験する場であると同時に、写真ブースとしての役割を果たしている。

　また、先に取り上げたWarby Parkerのオンラインのメガネ試着プログラム「Home Try-On」には、#warbyhometryon というInstagramのハッシュタグが存在し、顧客が気軽にメガネを試着した写真をアップロードすることを促している。

　顧客は、自宅に届いた5個のメガネを試着し、このハッシュタグをつけてセルフィー（自撮り写真）を投稿する。すると、このハッシュタグをフォローするアメリカ中のWarby Parkerの顧客やファンから投票を集めることができる。Warby Parkerから直接返信が来ることも珍しくない。そして、このハッシュタグをつけて友人とSNSでやりとりすることで、いつの間にかWarby Parkerの広告塔の役割を果たしている。このハッシュタグは、すでに24,000回ほども投稿された。

バズは重要ではない

　エヴァンジェリストにブランド価値を何度も発信してもらうことは、バズ（短期的かつ爆発的に話題になること）を作ることとはまったく違う。

　バズは打ち上げ花火のようなもので、その瞬間は大きなインパクトを残し注目を集めるが、寿命は一瞬だ。FacebookやTwitterなどで絶え間なく新しい情報にさらされている現代の消費者には、こうしたバズは1週間も経てばほとんど忘れ去られてしまう（図2-6）。

図2-6　バズとインパクト、時間軸の関係

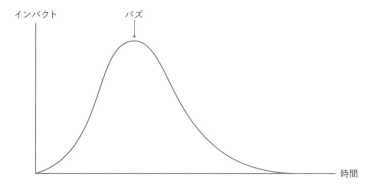

　バズの最大の問題は、話題に上がったとしても、必ずしも購買にはつなが
らないことだ。話題になることと購買の間には大きなギャップがある。SNS
のフィードに流れてきても、すぐに忘れ去られてしまっては意味がない。

　時間をかけて土壌を耕し、共感のタネを蒔き続けることで、長い時間をか
けて花を咲かせる。そんな継続的、かつ一貫性のあるコミュニケーションが
求められている（図2-7）。

図2-7　バズと継続的なコミュニケーション

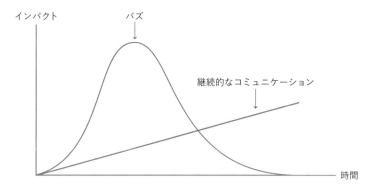

　そして、それは、新しい時代の売上の作り方と相似形を成す。

高いお金を払ってもらって瞬間的にトランザクションを増やすのではな
く、長い関係の中でLTV（顧客生涯価値）を増やしていくのが、顧客とブラ
ンドの深いつながりをベースにした新しい収益の作り方だ（図2-8）。

図2-8　深いつながりをベースにした購買の拡大

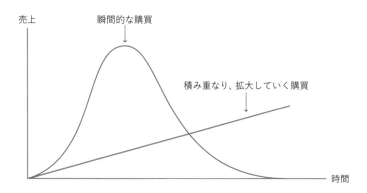

　LTVについては後で詳しく触れるが、「ブランドへの信頼の積み重ね」と
「収益の積み上げ」が同期するのはD2Cに代表されるデジタルネイティブ型
のビジネスの大きな特徴と言える。

3-1 「オフィスに遊びに来ませんか？」

D2Cブランドが提供しうる、最高の購買体験の仮想シナリオを考えてみよう。

あなたが、標準よりふた回りくらい大きな体型の女性だとする。

多くの場合、あなたにとって買い物は期待と失望の往復でしかない。気に入ったデザインの洋服を見つけて、一縷の望みをかけて店員に聞いても、返ってくる回答は「すいません、これが一番大きなサイズでして……」。

そんなあなたは、偶然Instagramで、とあるD2Cブランドの広告に目を留める。ハイブランドと同じクオリティのデザインと機能性と、大きなサイズを両立したブランド。あなたは、創業したばかりのこのブランドのファンになる。

その後、あなたとこのブランドの関係は次のように展開していく。

1. 新製品が出るたびにECサイトをチェックし、購入したらSNSに自分がそのブランドの服を着ている姿をアップする。「体型に関係なく、誰でも最高の買い物体験とファッションを」という会社の哲学にも共感している。このブランドを気に入りそうな友人に、社長や社員のインタビュー記事を送ったり、リツイートしたりする。そんなある日、あなたはその会社の社長から直接メッセージを受け取る。「今度、大事なお客さまを限定で招待し、新しい商品の試作品のお披露目をします。よかったらオフィスに遊びに来ませんか」。

2. あなたは、決して広くはないが、ブランドの世界観と同じようにシンプルで居心地のよいオフィスを訪問し、社長から歓待を受ける。新しいプロダクトの試作品を手に取り、オフィスの片隅の試着室

へ。ブランドの創業者自ら、そうしたファンに「どう？」と声をかける。あなたや招かれた他のファンは「うーん、これだと○○（他社ブランド）で似たようなのを見たことある気がする。色をこう変えてみたらどう？」などとアドバイスする。

3. あなたは、Slack（オンラインの業務用チャットツール）にも招待される。従業員とブランドのファンが、自然にチャットしながら新製品を一緒に作りあげていく。

4. あなたは、このブランドの一員になったかのような感覚を持つようになる。頼まれてもいないのに、勝手にブランドの創業秘話や、マニアしか知らない情報をどんどん流し、自分がエヴァンジェリスト化しているのに気づく。

「他人から友人へ」。これが、顧客のブランドに対する関係変化を把握するためのもっとも重要なキーワードとなる。

今まで、伝統的なブランドは、マスメディアを通してイメージとメッセージを一方的に届けてきた。そうして顧客の中に「憧れ」や「劣等感」などの感情を醸成し、そうした感情に対してソリューションを届けるように顧客との関係を構築してきた。

一方、D2Cブランドはまったく違うアプローチをとる。

メッセージは双方向で交わされ、顧客とはより深いレベルでつながり、気の置けない友人であるかのようなリラックスできる関係を築く。「より深いレベル」とは、お金を払ってもらって商品を手渡すだけの一度きりの関係ではないということだ。信頼や絆、信仰といった感情的なつながりをベースとし、その上で商品やサービスを届けていく。

特にスーツケース、マットレス、歯ブラシ、髭剃りなどの日用品において、これまで顧客はブランドを信頼せず、むしろ疑いの眼差しで眺めてき

た。ブランドとの間に感情的なつながりはなく、選択肢の中から消去法で選んで買っていることも多かった。

　D2Cはこの現状に大きなパラダイムシフトを起こしつつある。この章では、D2Cブランドが築く顧客との「関係性」にフォーカスして、解説していく。

3-2　　顧客とブランドの間の「壁」が壊れた

　「どの業界であろうと、NikeやP&G、トヨタ、コカ・コーラのような大きな消費者ブランドは、本当の意味でB2C企業だったことはなかった」

　シリコンバレーでもっとも影響力のあるVCの1つ、アンドリーセン・ホロウィッツのパートナー、ベネディクト・エヴァンスはこのように言う。大手消費者ブランドはこれまで、広告代理店を通して顧客に対してメッセージを送り、多くの顧客の認知を得ることが保証された上で、スーパーや百貨店、コンビニエンスストアなどの小売店に売り場確保の交渉を行っていた。

　ある意味、広告は小売店のために打っていたとも言える。顧客ではなく、他の企業体に対して商品を販売しているのだから、彼らは実質的にB2B企業であった、というのがベネディクト・エヴァンスの主張だ。

　これまでブランドと顧客の間には2つの大きな壁が存在していた（図3-1）。1つは販売チャネル、もう1つは広告プロモーションだ。こうした壁が、ブランドと顧客の関係、そしてビジネスにどのような影響を与えてきたかを見てみよう。

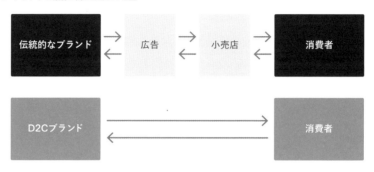

図3-1 ブランドと顧客の間にある２つの壁

顧客とブランドを隔てる２つの壁①：販売チャネル

　１つ目の壁は小売店。ファッションブランドで言えば百貨店、家電メーカーで言えば家電量販店のような存在だ。ブランドからすると彼らと取引をすることには大きなメリットがある。自前でサプライチェーンを構築せずとも、全国のチェーン店に製品を展開できる。またブランド自身で集客する必要もない。

　一方で、もちろんデメリットも存在する。それは、流通と集客の対価として払う 20〜40%程度のマージンだけではない。

デメリット１：顧客データの喪失

　販売チャネルとして小売店を使うことで、ブランドは顧客データを得ることができなくなる。ブランドはどれだけ出店し、どれだけ商品を売ったとしても、どういった人が、どのようなタイミングで、どこで何回購入しているのか、といった有益な情報を得ることができない。たとえば、「30代向けの新製品が意外と 40代後半のお客さんに人気があった」「男性向けの商品が女性の支持を集めている」「なぜか平日のお昼過ぎに売上が増える」などだ。もしこうしたデータが取得できれば、ターゲットや訴求ポイントを変更することで、さらにマーケティングを洗練させ、商品開発にも活かしていけるはずだ。

ここで言うデータとは、定量的なデータだけでなく、定性的なものも含まれる。

　たとえば「子どもができてから嗜好が変わってきたお客さんがいる」「普段は渋谷の店舗で買っているが旅行先の福岡店でも買ってくれたお客さんがいる」などのデータも、ブランドは取得することができない。

　もし好み、話し方、困っていることなどを接客の中で取得することができれば、そうしたインサイトを次の商品開発に活かしたり、多店舗に横展開することもできるはずだが、その機会を逃している。

デメリット2：ブランドの世界観の毀損

　世界観を表現することができないのも大きなデメリットだ。

　店舗は、ただ商品を売るだけの場所ではない。訪問客の五感を刺激しながら、ブランドの世界観に浸ってもらえる場所でもある。しかし、家電量販店に行けばわかる通り、製品はブランドの都合ではなく、小売店の都合で売られている。値付けやセールのタイミング、売り場の作り方、どの製品の隣に置き、どのような機能価値、感情価値を訴求していくか。すべてがブランドのコントロール外にある。

　いかにプロダクトを丁寧に作り込んでも、にぎやかなBGMが流れ、蛍光灯で青白く照らされた売り場に置かれると、ブランドの世界観の純度は失われてしまう。

デメリット3：ユーザー体験の毀損

　加えて、販売チャネルが間に入ることでユーザー体験も毀損しかねない。

　チャネルごとに接客方法もバラバラな上、購買履歴が引き継がれないなどの理由によって、顧客はスムーズで一貫した体験を得られなくなってしまう。

顧客とブランドを隔てる2つの壁②：広告・プロモーション

　もう1つの壁は広告やプロモーションだ。企業は広告やPRについて、広告代理店など他社に任せることが多かった。代理店を通すとテレビや新聞に枠を持つことはできるが、そうしたプロモーションに触れた顧客の反応をダイレクトに知ることはできない。ましてや、その反応を受けてリアクションを取ることもできない。

　この状況は、二人羽織りと似ている。

　ブランドにとっては、目隠しをし、他人の手を使って、目の前の顧客を把握し、他人の口からメッセージを届けているようなものだった。

　この壁の影響は非常に大きく、ブランドの側は、顧客を「顔の見えない集団」としてしか認識することができない。具体的に顔が見える相手としてではなく、リサーチやアンケートを使いながら顧客のことを想像し、その心理や好みを“推理”するほかなかった。

　D2Cは、この2つの壁を取り払い、リテールブランドの新しいあり方を提示してきた。それを実現したのが、デジタルだ。

　D2Cは、DNVB（Digital Native Vertical Brand）、TELB（Tech Enable Lifestyle Brand）と言われることもある。こうした略語に含まれる重要な要素は「デジタル」と「テック」。これらのキーワードが、パラダイムシフトを推進する最大のドライバーとなっている。

　まず販売チャネルの壁に関しては、ブランドが自らのサイトに決済と物販機能を持つことで、顧客と直接関係を結ぶことができるようになった。

　ちなみに、この直接販売という特徴だけを見て「D2Cって、Amazonや楽天とかのECと同じでしょ？」と言う人がいるが、これはいくつかの点で決定的に誤っている。

　たしかにオンラインで商品を選んで購入する、という点では同じだ。しかし、ブランドがマーケットプレイス型のAmazonや楽天で商品を売ることは、オフラインの百貨店やコンビニや家電量販店で売るのと質的に変化はな

い。ブランドの世界観は小売店の世界観に上書きされ、データを取得することもできない、という構造的な問題は引き継がれたままだ。

そうではなく、D2Cブランドは顧客データを取得しながら、商品販売を行う機能を持つWebサイトを自ら構築し、世界観を築いて販売する。

D2Cは、既存ブランドが展開する自社ECともまったく異なる。

図3-2　D2Cブランドと自社ECの比較

D2C		自社EC
○	コスト競争力	△
ECからスタート	チャネル	リアル店舗→EC
SNS/コミュニティ	集客	広告

リアル店舗から始まったブランドの自社ECは、店舗に合わせて値付けをする。リアル店舗は、広告代理店や小売店の存在により中間マージンが多くかかるため、価格を下げるのは難しい。

また、商品の入れ替えサイクルも大規模なチャネルや交渉力を持つ小売店の意向に左右されがちだ。それらリアル店舗の都合がそのままECサイトのオススメ商品やセール時期に反映される。あくまでリアルファーストであり、ECはその補助的な役割として存在する。

一方、D2Cブランドはその真逆である。安価かつ柔軟な価格戦略をとれることに加え、集客はSNSやコミュニティを通して行う。直接販売のチャネルを前提にすべてが設計されている。

デジタルは、広告・プロモーションの壁を壊すことにも成功している。
それまでの広告は、あらかじめ決められた枠の取り合いであった。企業はテレビや雑誌などの枠を取り合っていた。しかし、自社のInstagramアカウ

ントやFacebookページには枠という概念はない。自分が届けたいタイミングで、届けたい内容・メッセージを何度でも発信することができる。

　このようにデジタルが2つの壁を破壊したことで、顧客とブランドの新たな関係が立ち現れてくる。

3-3　　「単発取引」から「継続的な会話」へ

　このデジタルによる変化は、ブランドと顧客の関係性をどう変えるのだろうか。1つは、関係の長期化だ。ここではWarby Parkerが、どう顧客と関係性を構築しているかを見てみよう。

　彼らは当初、コストのかかるリアル店舗ではなく、ECサイト経由で販売を始めた。しかし、その販売方法は、一般的なECサイトとまったく異なるものだった。

　メガネをオンラインで販売するという彼らのアイディアは、創業当時は「馬鹿げている」とさんざんな評価を下された。メガネを購入するには、視力に合わせてレンズを調整する必要があり、試着をしないとかけ心地や自分に似合うかはわからない。

　Warby Parkerは、こうした課題を、EC専業でありながらリアル店舗と変わらない、あるいはそれ以上に安心できかつ快適な購買体験を提供することで解決しようと試みた。

　当時EC専業だったWarby Parkerにとって特にハードルが高かったのが、「試着」のプロセスだ。普通のECサイトであれば、サイト内で製品を選択した後購入しておしまいだが、メガネはそういうわけにはいかない。

　Warby Parkerが素晴らしいのは、ユーザー体験を毀損しないように「試

着」のプロセスを一連の購入体験のフローに上手に組み込んだ点だ。「サンプルを顧客の自宅に送り、その後送り返してもらう」という、複雑で手間もかかる作業をむしろ顧客とのインタラクションと捉え、遊び心のある体験として設計することでブランドへの愛着を高めた。非常に高度な芸当だ。

複雑なプロセスを逆手にとった "Home Try-On"

ここで、Home Try-Onのプロセスを具体的に見てみよう。

1. Webサイトを訪問し、Home Try-Onプログラムのページへ
2. Webサイトに掲載されているすべての製品の中から、自分が気になるメガネを5個まで選択。住所などの情報を入力し配送の手配をする
3. 数日後、専用のボックスに入った状態で家に送られてくる試着用のメガネサンプルを試着
4. 5日後までに同梱されていた返送用ボックスでポストに入れて返却（購入する場合は眼科で受け取った診断書などを添付）
5. Webサイト上で、自分が選んだ商品を購入

このように、プロセスは決して短くはない（図3-3）。

図3-3　Warby Parker登場前後のメガネの購買プロセス

しかし、Warby Parkerは増加したタッチポイントを利用し、デザイン性の高いパッケージ、丁寧かつ気の利いたメールによって優れたユーザー体験を提供している。

たとえば、一連のプロセスの中で、Warby Parkerは9回も顧客にメールを送っている。

1：試着オーダーの受領確認
2：配送ステータスのお知らせ
3：スタッフが選んだオススメの1本
4：到着のお知らせ
5：試着の促しのメール（4の次の日）
6：SNSでのシェアを促すメール（5の2日後）
7：SNSでのシェアを促すメール（6の2日後）
8：迷っているときの連絡先
9：返送の御礼

ECサイトからの連絡は、普通であれば、受注や配送に関する「業務連絡」的なメールですませるところだ。

しかし、実際にはこれらすべてのメールに、フレンドリーな手描きのイラストや、プロダクトの綺麗な写真、水色の美しいフォントのメッセージが入り、押し付けがましくない印象を与えている。

また、どのメガネを買おうか悩んでいそうなタイミング、返送の方法について悩んでいそうなタイミングなどを綿密に考慮しメールを送ることで、顧客は「サポートされている」と強く感じる。結果的に複雑なプロセスが体験価値の向上につながっている。

配送されて手元に届いた箱はデザイン性が高いだけでなく、フタの裏面には感謝のメッセージや返却までのプロセスが丁寧に示されている。顧客に不安やストレスを感じさせない、上手な設計だ。

ユーザーが試着後に購入しなかったとしても「試してくれてありがと
う!」と、罪悪感をまったく感じさせないようなメールが届く。こうした体
験を通じ、プロダクトを購入しなくても、ブランドのファンになっていく。

　たとえ購入しなくとも、上記のようなロイヤリティを高めた状態でファン
化してつなぎとめておける。そして、ファン化したユーザーに対して、様々
な方法でコミュニケーションを取りながら、長い期間をかけて顧客へとコン
バージョンしていく。Warby Parkerのこの Home Try-On のコンバージョ
ン率は非常に高く「オンラインでメガネなんか売れるわけがない」という声
を払拭することに成功した。この Warby Parker のあり方は、ブランドと顧
客の間の壁が壊れた先にある新しい関係性を、鮮やかに示している。

データ取得と顧客の満足を両立する

　なにより重要なのは、こうしたインタラクションの増加とともに、データ
が劇的に溜まることだ。

　　　－顧客が住んでいる地域
　　　－トライされたアイテム
　　　－そのうち購入されたアイテム
　　　－リピート購入率
　　　－1人当たりの平均購入個数

　このようにデータが取得できることが「ダイレクト」であることの大きな
メリットの1つだ。上記のような基本的なデータのほか、「メールを月曜日
の朝6時に送ると、土曜日の12時より開封率が高い」「リアル店舗で買って
くれたお客さんの方が、平均購入個数が多い」「販促キャンペーンAに反応
した人はX%だったが、販促キャンペーンBに反応した人はY%だった」な
ど、能動的にデータを取りに行くこともできる。

Warby ParkerのPHOTO BOOTH

資料：著者提供

　データ収集・蓄積という観点で、Warby Parkerの店頭施策の取り組みを紹介しておこう。Warby Parkerのソーホーの店舗には、プリクラのような簡易フォトブースがある。

考えてみれば、メガネを買いに来る人は視力が弱い人ばかりだ。視力が弱いと、メガネを試着しても輪郭がぼやけた自分の顔しか見ることができない。このフォトブースは、その課題を解決する。

　メールアドレスを入力すると使用でき、正面、左、右など向きを変えながら3カット撮影できる。そうするとその3カットが証明写真のように縦に並んで紙に出力され、試着したメガネが本当に似合うか、鏡では見えない角度も含めて確認することができるのだ。しかもそのデータは入力したメールアドレス宛てにデジタルデータでも共有される。

　ここで注目したいのが、ユーザー体験を向上させる過程で、Warby Parkerがメールアドレスというユーザーデータを自然に取得している点だ。メールアドレスは非常にシンプルなデータだが、そのアドレスを使ってアカウントを作る、そのアカウントでメガネが購入される、などのオンライン上の顧客行動の捕捉が可能になるという点で非常に重要となる。

3-4　　「顧客の購入」から「顧客の成功」へ

　壁がなくなることによる2つ目の変化は、顧客の「購入」ではなく、顧客の「成功」が重要な指標になったことだ。

　現在、多くのブランドは「売った瞬間」＝「関係性の終わり」と捉えて、一連のマーケティング施策を構築している。しかし、そのタイミングは、顧客目線とはまったく異なる。プロダクトを使い始め、その機能や便益を享受するステージこそが、顧客にとってのスタート地点だ。にもかかわらず、ブランドやメーカーの観点からは、このステージは「アフターサポート」となる。顧客は購入前のような手厚い歓待は受けられず、コールセンターをたらい回しにされたりする。

昨今、B2Bの世界でカスタマーサクセスという考え方が浸透してきている。カスタマーサクセスとは、商品の購入ではなく、顧客がしっかり製品を使い始め、それを継続して使うことをミッションとする取り組みのことをいう。すなわち、顧客がそれを買うかどうか、ではなく、顧客がそのプロダクトの使用を通じて望む結果を得られているかまでが重要ということだ。これらは継続課金を前提とするB2Bの世界で一般的だったが、継続的に関係性を築くことでB2Cの世界でも援用可能となる（図3-4）。

図3-4　顧客にとっての価値と企業の利益の関係

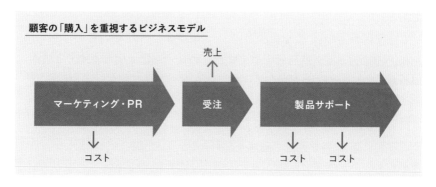

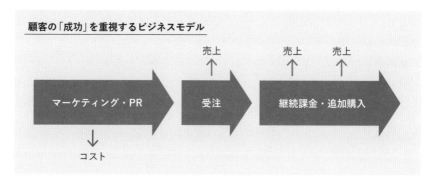

カスタマーサクセスは、カスタマーサポートという「後手サービス」に対し「先手サービス」とも言われる。顧客の問い合わせに答えるのではなく、あらかじめ顧客がボトルネックと感じるかもしれないプロセスをサポートし、顧客の円滑なサービス導入を手助けするのがカスタマーサクセスだ。

　こうした考えに立てば、Awayのようなスーツケースブランドにとって重要なのは、スーツケースが売れた瞬間ではない。スーツケースに荷物が詰められ、それが旅のお供として役に立っている瞬間だ。Casperであれば、マットレスを使って安定的な快眠が得られる状態が、ブランドにとっての成功である。
　カスタマーサクセスを重視しサービス設計がされているのであろう。AwayやCasperは、返品対応や交換保証の扱いが従来的な企業とまったく異なる。Casperは100日間、Awayは10年間の返品保証を行っている。

　関係の長期化と、購入から顧客の成功へという2つの変化の背景には、ブランドが、顧客IDを通じて顧客を「個人」として捕捉できるようになったことがある。ブランドのWebサイトでは、顧客IDでログインしながらサイト内を回遊する。また、リアル店舗で購入するときにも、ブランドは顧客情報をIDとひもづけて把握している。これは、顧客が購買履歴がついた名札をつけて買い物に来てくれているようなものだ。
　顔の見えない顧客は、個人名とひもづいた「個客」に変わる。もし、とある瞬間に製品を購入してくれなかったとしても、その人とはIDにひもづいたメールやSNSを通じてつながり続けることができる。そのつながりの中で、顧客ロイヤリティを高める施策を提供し続けることができる。

3-5 「冷たいデジタル」から「優しいデジタル」へ

　ここまで述べてきたように、D2Cブランドは、ビジネスオペレーションを回すごとに溜まる顧客データを、商品開発やマーケティングなどに活かすことができる。

　「データを分析し施策に活かす」などと言うと、いかにも人間らしくない無機質なニュアンスが感じられ、不安を覚える人もいるかもしれない。その背景には、データサイエンティストたちが、AIやデータを駆使しながら、人間的な配慮を欠いた施策を行っているイメージがあるのだろう。

　しかし、デジタルテクノロジーの本質は、それを活用して、人手をかけるだけでは決してできなかったようなサポートを提供する点にある。

　パーソナライゼーションや、趣味嗜好に基づいた情報提供を行うことで、顧客は「ケアされている」「自分のために時間を使ってくれている」という感覚を持つことができる。そして、そうした感覚を持つと、より積極的に自分のデータをサービス側に預けるようになっていく。

　デジタルがすべてを飲み込む世界を解説した書籍『アフターデジタル』では、デジタル活用を積極的に行っている中国平安保険という損害保険会社が、自動車事故を起こした顧客に、即座に補償金を振込み、それだけでなく、事故対応している間にお子さんのお迎えを申し出た、というエピソードが紹介されている。日頃細かくデータを取得・管理し、支払い管理などのバックエンドのシステムとシームレスにつながっているからこそ、こうしたサポートが実現できる。

　具体的な経緯はわからないが、保険会社は、技術的にはセンサーを使って事故の発生を感知することができるはずだ。また、事故の把握、支払い、というプロセスはデジタル化により自動化可能であろう。

　中国平安保険は、こうしたデータを使いながら、その顧客のデータを深く

把握することで、期待をはるかに超えるサービスにつなげることができている。優れたサービスを受けた顧客はさらにそのサービスのことを好きになるばかりか、周りの人にも積極的にサービスのよさを伝え、推薦するだろう。

　単なる顧客データを活用した広告価値の最大化のためではなく、その顧客の体験向上のためにデータが活かされ、その具体的なメリットを顧客が理解している状況を作れれば、顧客が個人データの共有を躊躇する可能性は下がる。

　伝統的な企業における「おもてなし」は、リアル店舗の接客やその前後に限られてしまうという課題がある。顧客のために重たい荷物を持つ、雨の日に傘を貸すなどのサポートは店舗という場では積極的に奨励されている。しかし、顧客とブランドの接点は着実にデジタルに移行していることは間違いない。デジタルを活用することで、「おもてなし」はその対象箇所を劇的に増やすことができる。

　データに関する施策は、「どう収益を最大化するか」という企業側からの視点で語られることが多い。それらを「冷たいデジタル」とするなら、データは、顧客を1人ひとり丁寧にサポートし、体験を高度化するような「優しいデジタル」につなげていくこともできるはずだ。

いつでも会える医師

　ここでは、そんな「優しいデジタル」の例として、オンラインでスキンケアプロダクトを販売するCurologyを紹介したい。

　2013年、ニューメキシコ州の片田舎で、医師のデヴィッド・ローツシャーが、22歳のレイチェルという患者と出会った。彼女は10代の頃から肌の悩みに苦しみ続けていた。彼女は、考えられる限りすべてのプロダクトを試し、それでも効果が出たことはほとんどなかった。

　しかし、ローツシャーが処方したクリームを使うと、わずか6週間でレイ

チェルの肌はみるみる改善。レイチェルは、ローツシャーとの経過観察のセッションで今にも泣き出しそうな表情をしていた。彼女はそれまで「肌の悩みなんかで医者にかかるなど贅沢すぎる」と考えていたという。医者にかかるようになってから、レイチェルは自分の容姿に自信が持てるようになった。それは、肌の悩みに苦しみ続けていた7年の間で初めてのことだった。

　レイチェルのような人はどこにでもいる。

　10代や20代のとき、ニキビや敏感肌に悩んでいた人は多いはずだ。顔や首などに赤くただれた箇所がいくつもあり、それをずっとコンプレックスだと感じてしまう。財力があったり、たまたま近所に対応する医療機関のある少数の人は、医師に処方してもらった塗り薬や飲み薬を使えるが、たいていの人はレイチェルのように市販の薬で済ませてしまう。

　しかし、市販の薬では本当に自分の肌に合うかわからないし、効果が出なかったとしても肌に合っていないことが原因なのか確かめるすべもない。「売れ筋」の商品を使いながら、長らく効果が出ず「これでいいのか」と悩む人も少なくないだろう。

　だからといって医者にかかろうとしても、市販薬を使うのとは別のタイプのストレスがある。予約は電話だったり、Webで予約した時間に行っても待たされることも多い。このご時世にまだ紙を中心としてやりとりが記録され、ユーザー体験が「ミレニアル世代化」されていない。

　ローツシャーはエンジニアである兄と母親とともに、レイチェルのような肌に悩む人向けのサービスを始めることにした。Curologyは、そのようにして生まれた。Curologyのサービスは、一言で言うとパーソナライズ可能なニキビ薬のサブスクリプションサービスだ。

　ここでは、カスタマーエクスペリエンスの観点から彼らがデジタルをどう活用しているのかを見てみよう。

1. オンラインで完結する問診

問診はオンラインで完結する。チャットをしているようなユーザーインターフェースが立ち上がり、インターフェースもよくできている。自由記述の欄もあるが、大半は入力欄が選択式になっており回答に迷うことはない。

シンプルなCurologyの問診のUI

2. エビデンスに基づいた中立的な記事

Himsの例で見たとおり、最近のコスメやスキンケア系のD2Cブランドにとって、正しい知識を伝えるためのメディア機能は必須になりつつある。CurologyのWebサイトも、医学的エビデンスが豊富で、中立的な立場のスキンケアについての長文の記事がたくさん並んでいる。

こうした記事では、決して自社の製品を押し売りするようなことはしない。ちゃんとした効用が期待できる製品であれば、自社製品でなく、別に薬局で他社製品を買ってもらってもいい、というスタンスだ。一見、自社の利益に反するようにも思えるが、そういった姿勢がむしろブランドとの心理的つながりや信頼を生む。

Curologyが発信する長文のブログ記事

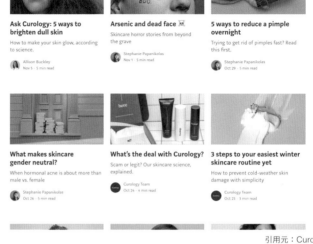

　「薬局で市販のものを買うなら、こうした成分のものは避けた方がいい／積極的に使ってよい」といったコンテンツがプロダクトの写真とともに紹介されており、「とにかく顧客に対して、正しい知識を身につけてほしい」という姿勢が見て取れる。

3. 顔の見えるメディカルチーム

　Curologyの顧客は、回答や診断に基づいて、オンライン上に各顧客専用の「チーム」が組成される。

　チームメンバーは、医療資格のある人とCurologyのスタッフの2名。前者は、医療的な観点からスキンケアのサポートをし、後者は支払いや配送などオペレーション的観点についてサポートをする。彼らは、たとえば「医師のメアリー」と「オペレーション担当者のジェシカ」といったように写真と名前付きで画面に表示され、「顔の見えないサポートチームの誰か」ではなく「顔の見える個人」として顧客に認識される。

医師は、医療的な観点からずっと顧客と並走してくれる。「おでこのニキビだけが消えないけどどうしたらいいでしょう」「かゆみが止まりません」などと連絡すると1日以内に返信がくる。

一方、オペレーション担当者は、たとえば顧客からの「来月は旅行に行くから多めに配送してほしい」などといった要望に対応するなど、管理・ロジスティクス的な観点から助けになってくれる。使用期間中、Curologyのチームと顧客はファーストネームで呼び合う関係性を築く。

サービスを利用して驚くのは、この2人が密接に連携していることだ。

たとえば、自分の肌の状況がよくなってきたため、配合成分のバランスを変えた方がいいのでは、と医療資格のあるスタッフに相談すると、こちらから伝えなくてもCurologyのオペレーション担当者にその相談内容が伝わっており、成分の配合比率が修正された商品が送られてくる。

4. ログ&シェア機能

Curologyには、スキンケア製品を使い始めた頃と現在の自分のBefore/Afterを、写真をコラージュして簡単に比較できる機能がある。これにより、自分の肌の調子が着々と改善していることを一目で実感することができる。また、このコラージュは他のCurologyユーザーやSNSのフォロワーにシェアすることもでき、Instagramに自分の肌の状態が劇的によくなっている様子をアップロードする人も少なからずいる。

5. 充実したオンボーディング

インターネットサービスには、「オンボーディング」という、顧客がブランド側のガイドを受けながら使用を開始し、問題なく1人で必要なサービスを使えるようにするサポート期間がある。初めて自転車に乗るときしばらく補助輪をつけながら練習するのと同様に、サービス側が顧客に並走してあげる期間のことだ。

たいていのインターネットサービスでは、このオンボーディング期間に顧客が使用をやめてしまう。楽器を買ったのにどう弾いていいのかわからなくてやめてしまったり、器具の使い方がわからずジムに通うのをやめてしまったりするのと同じだ。

　しかし、Curologyはこのオンボーディングのプロセスも素晴らしい。Curologyユーザーになると、毎日ボットがSMSで使用状況を聞いてくれる。しかも、ただ機械的に同じ質問と回答を繰り返すのではなく、毎回微妙に言葉遣いを変えてくる。そして、最初の10日間連続で使用すると、バッジのようなものをもらうことができる。

　このように、ゲーム要素を絡めながら顧客のオンボーディングを促していくのも、デジタルによって可能になったポイントだろう。

　Curologyが行っているこれらのデジタル施策は、ダイレクトにユーザー体験の向上につながっている。「優しいデジタル」の実現には、「ハイタッチ（人の温もりが感じられる顧客接点）」と「ハイテク（それを背後から支えるテクノロジー）」が必要だ。Curologyはまさにその融合を高度に体現していると言えるだろう。

店頭ではできない施策をデジタルで実現する

　このような「優しいデジタル」施策はD2Cブランドの基本動作とも言えるものだ。

　男性用髭剃りのD2CブランドHarry'sでは、購入後1週間経つと従業員から個人名でメールが送られてくる。そして実際にフィードバックを送ると、丁寧に返信してくれる。さらに替え刃がなくなりそうになると、そろそろ追加の替え刃はいかがでしょうか、というメッセージが送られてくる。

　2回目の注文確認メールは別の人から送られてくる。従業員の好きな歌手の話なども織り交ぜてくるなど、遊び心のある体験が設計されている。

ブランドに必要なのは、長いジャーニーの間、なるべく多くの接点で顧客とのインターフェースを獲得することだ。高品質のプロダクトを届けつつデジタルを活用して、顧客に「これは自分にとって大事なブランドだ」と理解してもらう必要がある。

　とあるブログには、Harry'sのオンラインエクスペリエンスに次のような賛辞が送られていた。

　「Harry'sのオンラインのカスタマーエクスペリエンスは絶対にドラッグストアでは再現できないものだ。Harry'sが自分の好きなドラッグストアで販売されているのを見つけたけど、私は買わない。絶対にWebサイトで買うだろう。オンラインでの顧客体験が、自分をロイヤルカスタマー兼ブランドの熱烈な支持者にしてくれる」

「優しいデジタル」3つの条件

　CurologyやHarry'sに見られる「優しいデジタル」の条件とは何だろうか。ここでは3つの観点から解説してみたい。

1. データの適切なフィードバック

　データを「おもてなし」に転換するには、顧客からの視点で言えばデータを共有すればするほど享受するサービスの質が上がる必要がある。さらに、その質の向上が顧客に知覚されなければならない。

　Curologyの例では、

　　　－セルフィーやチャットなどのログが溜まる
　　　－ログを参照しながら治療の振り返りや今後の治療方針の策定ができる

などを通じて、提供したデータが確実に自分のために使われているという安心感を顧客に与えることに成功している。

昨今のデータに関する企業への不信感の背景の1つに、あずかり知らぬところでデータが自動取得され、自分のためではなく第三者のためにデータを利用されているのでは、という懸念がある。そうではなく、データを顧客との関係強化、信頼向上につなげることで、より顧客にとって意味のあるサービスとすることができる。

　そのためには、データがどのようにサービスに活かされているかを、数ヶ月後といった長いインターバルの後ではなく、すぐに顧客の側にフィードバックすることが必要だ。

2. 場所・時間の制約からの解放

　デジタルは顧客とブランドのコミュニケーションにまつわる制約をも取り払う。

　Curologyでは、サービス上でチャットをするだけで、医療関係者やCurologyのチームと直接やりとりすることができる。これまでの医療サービスでは、医療関係者とは、診断中、あるいは薬の処方のタイミング、といった限られた場面でしかコミュニケーションができなかった。それが、デジタルを活用することで、ブランドと顧客はサービス上において場所や時間を超えてつながることが可能になった。

3. コラボレーションの感覚を生む

　現代の顧客は、新しい取り組みやサービスについてフィードバックすることを厭わない。企業から「プロダクト/サービスの改善のためにあなたの力が必要です」と公言されれば、顧客は積極的に情報を提供してくれる。

　積極的に顧客の声を集め、感謝やフィードバックを伝えて丁寧にコミュニケーションすることで、顧客は、自分の意見が考慮されていると感じ、企業とともに商品を開発している感覚を持つことができる。

3-6 「売る」から「一緒に作る」へ

メーカーが作って、売る。そして顧客がそれを買う。

このように役割が固定されていた時代は終わった。この章で一貫して述べてきたとおり、顧客とブランドを隔てていた壁はデジタルの発達によって融解しつつある。

インターネットによって、今や顧客はそのブランドについて他の人が何を言っているか、どう評価しているかについての情報を、多くのソースから手に入れ多面的に判断できるようになった。その中で、顧客の心理において「買う」という行為からますます受動性が抜け落ちていき、より能動的にブランドに関与していくようになっている。

D2Cビジネスにおける顧客とブランドの関係性の変化を鮮やかに表現しているのが、Glossier CEOのエミリー・ワイスの以下の発言だろう。

"One of the things that we really rely on is our customers as co-creators and sort of co-conspirators of our company."

「私たちが特に大事だと思っているのは、顧客を、私たちの会社の『共創者』であり『共謀者』と思っていることです」

あらためて紹介すると、Glossierは2014年創業のミレニアル世代/Z世代を対象にしたコスメブランドだ。クレンジングや保湿美容液といったスキンケアシリーズに加え、メイクアップシリーズやフレグランスも販売している。顧客との対話を重要視するブランディング施策が功を奏し、熱狂的なファンを大量に生み出している。

2015年の売上1億円から、2018年には売上100億円程度まで急成長し、2019年には企業価値が1,000億円を超えユニコーン入りを果たした。

Glossierの特徴は徹底した顧客との対話だ。

GlossierはInstagramやTwitter上の顧客からのコメントのすべてに返信し、顧客を「マーケター」や「製品開発担当」のように扱う。新商品をリリースするときには、ブログの読者から意見をもらう。実際にMilky Jelly Cleanserという商品の発売の際には400件もの顧客からの声を取り入れた。

　こうした姿勢は顧客から大きな共感を呼び、熱狂的なコミュニティが形成された。Glossierは創業後の最初の1年間は伝統的なマーケティングをほとんど行わず、売上の79%が「オーガニックな（自然に生まれた）口コミ経由」のものだったという。

　Glossierは、こうした口コミが起こる仕組みを戦略的に構築している。

　どんなに安いプロダクトであろうと、1品しか買わなかったとしても、Glossierの製品を購入すると必ずステッカーが付いてくる。ステッカーを受け取った顧客は自分が持つアイテムに貼り、インスタ映えするように写真を撮る。全面的に自己表現をエンカレッジするのだ。

　加えて、同社は一般顧客の中から、クオリティの高い投稿を続ける人や、長くGlossier製品を使ってくれている人を見つけ出し、"Glossier Rep（営業担当）"という称号を与える。そして、彼女たちが自分のブログやSNSで投稿すると、特殊なクーポンコードを通じリワード（報酬）が届く。

　その額は決して大きなものとは言えないが、ブランドの忠実なファンと化した彼女たちが「Glossierというブランドの一部である」と知覚できること自体が大きな意味を持つ。ちなみにGlossier Repになると、Glossier社員と同じ名刺を持つことができる。彼女たちは顧客ではなく、一緒に商品を作り、届ける側の存在となっている。

　日本では「アンバサダープログラム」と称して結局芸能人やスポーツ選手などの「インフルエンサー」を起用することが多いが、アンバサダーとは本来、商品やブランドのファンのことを指す。また、アンバサダーはインフルエンサーと異なり、何万人もフォロワーを持つ必要はない。Glossierでは、

普通の人をアンバサダーとして扱う。フォロワーが200人しかいない人も、2,000人いる人も、2万人いる人も同じくだ。

　もう1つ重要なのは、インフルエンサー型は「認知の量」を取るアプローチなのに対し、アンバサダー型は、「認知の質」をケアしながらメッセージを投げかけていく点だ。

　これまで説明してきたとおり、D2Cビジネスでは、顧客とブランドの関係は長期化する。継続性を無視して短期的な認知の量だけを狙う焼畑型のアプローチはD2Cビジネスには向かない（図3-5）。

図3-5　アンバサダー型とインフルエンサー型の違い

アンバサダー型	重視するもの	インフルエンサー型
認知の質	重視するもの	認知の量
商品やブランドのファン	実施者	有名人
長期	関係の長さ	短期

　もちろん認知の量の重要性自体は否定しない。ただ、より重要なのは、メッセージを受け取った相手が「これは自分のためのものである」と感じられること。そしてブランド自身が発するメッセージに、丁寧に熱と愛が込められていることだ。それなしには、認知の質が上がっていくことはなく、長期的な成功にはつながらないだろう。

社員化する顧客

　また、Glossierは特にロイヤリティの高い顧客150名とSlackのグループを作り、そこで製品のアイディアやデザイン案に対して積極的に意見を交わしている。そのチャットでは毎週1,000以上のメッセージが交換されるという。収集した声は、もちろん製品企画に活かされる。エミリー・ワイスは

「我々の顧客はGlossierのマーケティング担当者でもある」とも語る。

　これまでのブランドは、当たるかどうかわからない製品を、"推理ゲーム"をしながら作っているようなものだった。しかし、D2Cブランドは、まだ影も形もないときから、顧客との対話を通じて、製品を練り上げていく。

　同じくユニコーン入りしたシューズブランドのAllbirdsも、創業以来販売しているモデルのデザインを、顧客からの細かいフィードバックを受け取りながら、数十回もチューニングしていると言われている。

　これまでのブランドは、1ヶ月に1回、長ければ数ヶ月に1回、小売側からアンケート情報や売上などの顧客からのインプットが届くのを待つだけだった。一方で、D2Cブランドはこうしたフィードバックをリアルタイムに取得することができる。

　顧客は今や製品についてPRし、その商品のよさをコミュニケーションしていくマーケターであり、フィードバックをしながら具体的な製品アイディアを考える製品開発担当、R&D担当でもある。ブランドと顧客は、作って売るブランドとそれを受け取る顧客という「縦の関係」から、友達や同僚のような「横の関係」に移行しつつあるのだ。

4-1　D2Cの「ビジネスモデル」は　　　メーカーのそれとまったく異なる

　これまで、ブランドと顧客の関係がどう変化してきたかを示してきた。

　それに合わせ、企業側はビジネスの戦略やオペレーションも変革する必要がある。

　スーツケースやマットレス、メガネやコスメ製品など、扱っている対象だけを見ると、D2Cブランドはあたかもメーカーやものづくり企業のように見える。

　しかし、これは何度でも強調したいポイントだが、D2Cブランドはただのメーカーではない。D2Cブランドはプロダクトだけではなく、ライフスタイルをも提供する。ものづくり企業であると同時にメディア企業でもあり、そしてテック企業でもある（図4-1）。

図4-1　D2Cブランドの複層性

「テック企業でもある」とは、以下のことを意味する。

　　　−データを重視する
　　　−プロダクトを何度もアップデートする
　　　−顧客とIDでつながる
　　　−売上に加えLTVを重視する
　　　−カスタマージャーニーを重視する
　　　−UI/UXへ投資する
　　　−指数関数的な成長を重視する

　物理的なモノを持たない企業は「データドリブンな意思決定」や「素早い改良サイクル」などを通じてプロダクトを改善し、価値を提供していく。
　たとえば音楽ストリーミングサービスのSpotifyであれば、無料サービスで顧客を集めてデータ収集をしながら、その顧客に合った音楽を提案し、数ヶ月かけて有料会員化していく。Netflixは、大量の視聴データを解析しながら、登場人物のタイプや、ストーリーラインのチューニングを行い、加えて自社コンテンツの王道の型を開発している。InstagramやUberなどはアプリのデザインやボタンのサイズなどについて何千回も微修正している。

　それでは、D2Cがメディア企業であるとはどういうことだろうか。

　　　−編集方針（届けたいライフスタイル・世界観）を明確にする
　　　−世界観を様々なチャネルで伝える
　　　−個々のコンテンツではなく、雑誌そのものへのファンを作る

などが、その特徴として挙げられるだろう。
　たとえば『WIRED』という雑誌は、ポッドキャストや、イベント、Webメディア、SNSの活用など多様な出先を持ちながらコンテンツと世界観を展開している。女性ファッション誌であれば、明確なペルソナを立てて、ファ

ッションの紹介のみならず、コラムや連載、毎号の趣向を凝らした特集など
を展開。一貫した編集方針を持ち、読者が共感したり憧れを持つようなライ
フスタイルを立体的に表現している。そうして、その世界観やコンテンツに
共感した読者を「購読者」、すなわち長期間そのメディアに並走してくれる
顧客として抱える。

　この「テック企業らしさ」と「メディア企業らしさ」を加味すると、D2C
ビジネスを行う企業は、事業を展開する上で、メーカーとはまったく異なる
KPIやKGIの設定、売上の計上方法、チームの作り方、組織の運営の仕方、
スキルを備える必要がある。
　この章では主に戦略的な側面から、D2Cビジネスを解説していこう。

4-2 「トランザクション」から「リレーション」へ

　伝統的なブランドはマーケティングファネルと呼ばれるフレームワークを
使いながらPRやコミュニケーションの戦略の策定を行うのが一般的だ。
マーケティングファネルの「ファネル」とは、日本語でいうと「漏斗」のこ
と。上から順に、商品やサービスを見込み客に認知してもらい、実際に接触
してもらう機会を作り、最終的に「購入」してもらうプロセスを表したもの
だ。基本的には「店頭で買ってもらう」に収斂する（図4-2）。
　そこで暗黙的に前提とされている顧客との関係性は、長い関係（リレーシ
ョン）ではなく、1度限りの取引（トランザクション）だ。
　その限りにおいて、ブランドが目指すのは「そのトランザクションを何回
発生させられるか」になる。誰が買ってくれているかは重視されず、「匿名
の誰か」の支払いの集合体として売上が計上される。

図4-2　AIDMA,AISAS,SIPS

D2C型でない伝統的なブランドでは通常、小売店舗から週に1度、あるいは月に1度、簡素な販売レポートが上がってくる。そこには売上の合計値や販売された時間帯などの情報はあるが、トランザクションだけでは特定の誰かがどのような消費行動をしているかについて読み取ることはできない。

リレーションを通じて売上を作っていく、というのはこれとはまったく違う考え方だ。長い関係構築を通じて、特定の誰かが、どれくらいの間隔を空け、いつ、どの店舗で（あるいはオンラインで）、何を買ったのかについてのデータを集めていく。

指標としては、LTV（Lifetime Value：顧客生涯価値）がよく使われる。LTVは、特定の顧客が、初めて購入してから顧客であることをやめるまでの一定期間（極端には「一生」というのもありえる）に払った金額の総額のことを言う。

架空の女性向けアパレルブランドと顧客の関係を設定して、LTVが積み上がる様子を見てみよう。

友達に紹介してもらい、渋谷駅から10分くらい離れたとあるアパレ

ルブランドのショップへ。

　シンプルだけどエレガントな雰囲気の商品が多い、小ぢんまりとした店舗。あまり商品は並べておらず、店舗のサイズには不釣り合いなほど多くの絵画や、店長の趣味が伝わる少しクセのある小物が並べてある。

　店員は2名の女性。適切な距離感を保ちながら接客してくれていたが、製品の裏側にあるストーリーに話が及ぶと、堰を切ったように止まらない。その製品やブランドのことを愛している、という嘘偽りのない思いが感じられる。

　その日は、4,000円のTシャツを1枚だけ購入。決済はiPad端末で行い、その際に名前とメールアドレスを入力した。その後、そのメールアドレスに、レシートとともに、自分の購入したTシャツにまつわるストーリーが送られてくる。そこには、ブランド創業者のストーリーも添えられている。特に今すぐ買いたいものはないが、頭の中に、そのブランドに対してのポジティブな印象が残り続ける。

　しばらく経ち、秋に冬物が欲しくなりブランドサイトを訪れると、かっこいい秋冬物が並んでいた。100％好みにマッチするわけではないが、このブランドなら自分のテイストを少し曲げてもいいとすら思う。キャップとトレーナーとパンツを購入。〆て19,000円。

　そして、Webサイトにブランド主催のイベントの案内を発見する。前から気になっていた絵本作家の有料トークイベントだ。閉店を少し早め、19時スタートでドリンクを飲みながら開催するらしい。2,000円をネットで決済しイベントに申し込む。

　イベント終了後には、その絵本作家とのコラボレーションモデルのフェイスタオルを購入した。

　こうして顧客の視点から見ると、ブランドと関係を構築・強化しながら、商品を多数購入していく様子がわかる。

顧客視点を持たなければ、売上は「夏にはTシャツが何枚売れていた」「東京都の顧客が全体の何％」のような、個人への紐付けが不可能なかたまりの数字としてしか把握することができない。

　しかし、ブランドが本来行うべきは、個々の顧客を1人の人間として認識し、良好な関係を築きながらLTVを上げていくことだ。そして、このような個人に対する売上の集合体が、ブランド全体の売上になる。そのためには単発の「トランザクション」から「リレーション」へという認識の変化が欠かせない。

　ただし、LTVというのはあくまで「結果」であり、それ自身が目的になってはならない。LTVをとにかく最大化しようとすると、メールを何度も送りつけたり、セール情報を何度も送りつけたりすることで、顧客にネガティブな印象を与えてしまいかねない。

　目的にすべきは、顧客からの「信頼」「リスペクト」「共感」「愛着」といった感性的価値の蓄積。さらにシンプルに言うなら、「愛されているか」「好きと思ってもらっているか」だ。

　後で詳述するPelotonというブランドは、「Peloton」とタトゥーを体に彫っている人の数を指標の1つにしているという。顧客の側に、長い期間そのブランドを愛していく、という覚悟がなければタトゥーを彫ることはできないからだ。

　日本のブランドではタトゥーは現実的ではないだろうが、顧客からの愛情を計測する指標を作りビジネスを展開していくという発想自体は十分取り入れられるはずだ。

　伝統的なブランドでは、客層の拡大、ラインナップ拡充、チャネル拡大の3軸をベースにビジネス上の施策を展開してきた。男性向けブランドが女性向けの商品を展開する、スポーツブランドがタウンユースのラインナップを出す、百貨店だけでなく直営店を強化するなどだ。

D2Cでは、そこに「時間」という新たなベクトルが加わる。1人ひとりの顧客とどれだけ長い関係を築けるか。個々のタッチポイントを洗練させるだけでは不十分で、次に紹介するカスタマージャーニーベースの施策が不可欠になっていく。

4-3 「個人的ジャーニー」から「社会的ジャーニー」へ

カスタマージャーニーマップ（以下CJM）とは、製品やサービスの体験を、顧客の視点で時系列に表現したフローチャートだ。

製品を認知し、購入し、その後シェアしたり再購入したりする顧客の一連の行動の流れを可視化する「顧客体験の見取り図」のようなものと言える。

CJMは、サービスデザインやデザイン思考の「基本ツール」として、様々な業界で使われてきた。その基本パターンも複数ある。たとえば、5Eというフレームワークは、Entice（惹きつけられる、認知する）、Enter（サービスを申し込む、使い始める）、Engage（サービスを使用する）、Exit（サービスを使い終わる、お店から出る）、Extend（友達に伝える、再来店する、などの拡張的体験）を順に並べたものだ。どのようなサービスであっても、5Eフレームワークを使えば、顧客がどうサービスを知り、購入し、使用してくれるかのフローを容易に把握することができる。

Uberを例にとってみよう。友達が使っているのを知る（Entice）、アプリをダウンロードしてみる（Enter）、Uberを使用する（Engage）、降車してドライバーの評価をつける（Exit）、取得したクーポンをSNSで友達にシェアする（Extend）というのが顧客から見た一連の流れだ。

ほかにもたとえば、Attention（存在を知る）、Intereset（興味を持つ）、Desire（使いたい、欲しいと思うようになる）、Memory（記憶する）、Action（購入する、体験する）を順に並べた「AIDMA」や、「AIDA」「AISAS」「AIDCA」など、多数の派生形があるが、基本的な考え方はあまり変わらない。

　CJMは、ゼロからサービスを検討したり、既存サービスを改善したりする際に非常に便利なツールではあるが、1つ問題がある。それらの原型は「スマートフォン以前」、もっと言うと「インターネット以前」に作成されたものであり、現代の消費者の消費行動をそのまま表現できていない点だ。
　スマートフォン以降の世界では「買う」という行為が、ブランドと顧客との長い関係の中で、散発的に起きていく。こうした変化に伴ってカスタマージャーニーの形も変えていく必要がある。

4Aから5Aへ

　スマートフォン時代に有効なフレームワークの1つが4Aだ。認知し、態度を決め、行動をとり、その行動を複数回繰り返す。
　これまでは「行動」（すなわち購入）をジャーニーの終点とするケースが多かったが、そこで区切りをつけるのではなく「再行動」まで顧客を捕捉するのは非常に現代的と言える（図4-3）。

図4-3　4Aのフレームワーク

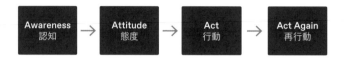

　「スマートフォン以降」の時代になると、デジタル接触が劇的に増加し、顧客とブランドが「常時接続」している状態になる。こういった流れを受けてマーケティングの大家であるフィリップ・コトラーが『コトラーのマーケティング4.0』の中で提唱しているのが、4Aをさらにアップデートさせた5Aというフレームワークだ（図4-4）。

　コトラーは、新しいカスタマージャーニーは以下の3つの重要なポイントを組み込む必要がある、と主張している。

1. Attitude → Appeal+Ask：これまでは顧客が、ブランドからの情報をベースに個別に「態度」を決めていた。これからは、ブランドの訴求力（SNS内での存在感など）がますます重要になる。そして、Ask（調査）の段階で顧客は、積極的に他者やブランド自体と関わりながらブランドについての情報を収集していく。

2. Act Again → Advocate：これまではAct Againで再購入率や再来店率をどう上げるのか、が重要な指標だった。それがAdvocate（推奨）に変わる。つまり、個人で閉じたループを前提とするのではなく、開かれたループの新しい起点になることをゴールとする。

3. Advocate → Ask：これは2の続きとなるが、誰かのAdvocateは、誰かにとってのAskになる。誰かが発信した情報や発言がインターネット上に溜まっていき、違う誰かの情報収集源になっていく。

図4-4　5Aのフレームワーク

　ここでのもっとも重要な変化は、カスタマージャーニーが、「個人的なものから社会的なものに変わった」ことだ。カスタマージャーニーは長らく、個人の中で完結するものとして作られていた。しかしこれからは、他者との関わりの中でブランドの態度が形成され、行動が決まっていく。Ask、Advocateというのは、他者がいなくては成立しない「社会的な動詞」だ。

情報発信量の逆転

　現代の消費者は、家電を買うとき、まずどのサイトを訪れるだろうか。

　おそらく、Amazonや価格ドットコムのレビューを見て「他の人がなんと言っているか」をつぶさに確認するだろう。家電に限らず、サービスの選択についても同じことが言える。ホテルやレストランのWebサイトよりも、予約サイトやレビューサイトの情報を確認するのが、一般的な情報取得フローと言えるだろう。

　これは、インターネットの登場以降、消費者の購買の際の情報摂取に質的な変化が生まれていることの表れだ。

図4-5　インターネット登場前後の情報発信の量と内容の違い

インターネット以前　　　　　　　インターネット以降

企業発信　　　顧客発信　　　　　　顧客発信　　企業発信

機能　　評判・体験　　　　　　機能　　評判・体験

　インターネット登場以前は、消費者が摂取していた情報の主語は「企業」だった。その企業が長年開発してきたテクノロジーであったり、他社と差別化できる機能などが語られていた。発信されるタイミングは、「買う前」である。CMやポスター、あるいはTVショッピングなどで、

「これまでと比べて2倍電池長持ち」
「30％コンパクトに」
「今なら半額！」

などといった情報が、あくまで企業の目線から提供される。

　しかし、SNSで消費者が日々大量に情報を発信している今、消費者が摂取する情報は「（他の）消費者」が主語の情報が圧倒的に多くなってきている。そうした情報は時間軸では「買った後」の情報となる。そこで語られるのは、機能についてではなく、以下のような「体験についての情報」である。

「配送が早かった」
「コールセンターの対応がとてもよくて好きになった」
「新品なのに傷がついていた。2度と買わない」

消費者が見たいのは、企業がそのブランドや機能や特徴をどう語っているか、ではなく、そのプロダクトがどう語られているかだ。SNSなどの普及が進むにつれ、プロダクトにまつわる情報や機能ではなく「体験」についての情報量が劇的に増えてきている。

　したがって、企業がどれだけプロダクトやサービスの機能向上に勤しんでも、それが顧客体験の向上につながっていなければ、消費者の心を動かすことができない。電池の持ちがよくなっても、使い勝手が悪ければ消費者の体験の質は下がる。これからは、機能の質を上げるのではく体験の質を上げる、それにより購買後の情報量を増やすことが競争上も重要になってくる。

ファネル型は死んだ

　2015年、Googleのデジタルマーケティングのエヴァンジェリスト、アビナッシュ・コーシックが、とあるカンファレンスの基調講演で「マーケティングファネルは死んだ」と発言して話題になった。

　これから、シェアリングエコノミー、サブスクリプションエコノミー化していくことで「終着点のない」カスタマージャーニーが多数生まれてくる状況になっている。こうした変化を受け、左から右に時間軸に沿って流れるのではなく、ループ型のぐるぐる回るようなフレームワークで考える必要がある、というのが彼の主張だ（図4-6）。

図4-6　ループ型のフレームワーク

　ファネル型、直線型のCJMファネルの問題点は、時間が進むにつれて、モメンタム（勢い）が失われてしまうことだ。企業が投下するリソースは認知の時点でもっとも多く、右に進むにつれて先細りしていく。そのため、永遠に大量のマーケティングやPRリソースを投下し続けなければならない。

　しかし、ループ型では、購入がジャーニーの終わりではなく、商品を知って購入し、使用し、それを誰かに薦める、という正のサイクルがずっと回り続ける。モメンタムは減衰しない。むしろ、ループ型の中で一番勢いがあるのは、企業がメッセージを発したときではなく、それを使用している顧客がメッセージを発したときだ。

　これからのブランドは、「成長の牽引役を果たすのは、ブランドではなく顧客である」という前提でジャーニーの設計をする必要がある。このジャーニーでは、顧客の購買は結果ではなく、スターティングポイントになる。今後のジャーニーはほとんどがこのようなループ型になっていくだろう。

4-4　　　　　　　　4Pから4Eへ

　フレームワークについて、もう1つ触れておきたい。

　「マーケティングの4P」はこれまでもっとも使用されたビジネスフレームワークの1つだろう。しかし、D2Cの特性を考えると、これからは4Pではなく「4E」という新しいフレームワークで全体のビジネススキームを考える必要がある。ここでは4Pと対比する形で4Eを解説していく。

Product → Experience（体験）

　プロダクトはこれからますます脱物質化していく。

　これからはプロダクトではなく、そのプロダクトを通じてどのような体験を提供できるかが重要になるというのは、ここまで述べた通りだ。

　ここで忘れてはいけないのは、体験の重要度は上がってはいるものの、プロダクト品質自体の重要性が減っているわけではないということ。世界観を作り、質の高いユーザー体験が提供できればプロダクトに手を抜いていい、というわけではない。数回洗濯するとすぐにへたってしまうTシャツ、すぐに壊れてしまうスーツケースでは、リピート購入や追加購入、友人へのオススメなども起きづらくなり、LTVへも悪影響を及ぼすだろう。

Price → Exchange（交換）

　自動車を所有せずに、Uberを頻繁に使う。音楽アルバムを買うのではなく、Spotifyで無限に大量の曲を聴く……。ここ5年で、こうした新しいタイプの消費が増えてきた。

　これまで企業は、モノの原価に一定の粗利を乗せた金額を商品の売価とす

る、という値付けを行ってきた。ハイブランドであれば、スカーシティー（欠乏感）をベースにさらに高い価格を設定したりもする。

しかし、Facebook や Spotify、Netflix、Airbnb などの登場により所有と使用の境目も曖昧になってくる中、従来型の値付けでは顧客の納得感を得られないケースが多数出てきている。

「なんで週末しか乗らない車に何百万円も払わないといけないのだろう？」

「なぜ好きでもない曲が入っているアルバムを買わないといけないのだろう……」

提供者都合の値付けをして、顧客にアセットをそのまま購入してもらう、という昔ながらの売り方をしているブランドはやがて顧客からの支持を失っていく。今や、プロダクトのアンバンドル（バラ売り）や、空いているリソースを時間限定で利用できるサービスは劇的に増えている。技術的な進化に応じて、フリーミアムなどのビジネスモデルも登場してきた。

これからは、提供者都合の値付けではなく、提供しているものの価値との最適な見合いでの値付けが重要になってくる。

何をすれば何を得ることができるのか、その状態はいつまで続き、いつ終わるのか、無料お試し期間はいつまで続くのか、レンタルした商品の返却手続きはどのように行うのか、もし遅れたらどうなるのか、壊してしまった場合の補償はどうなるのかなどを明確に示しながら、顧客の不安をなくすExchange を実践していく必要がある。

Promotion → Evangelism（伝道）

ブランドが一方的に広告を打っていた過去と異なり、これからはいかに顧客自身が物語の語り部となり、口コミをSNSで伝播させていくかが重要になる。そのためには、自分が語る言葉（コピーやステートメント）を磨くだ

けでなく、

　　 −顧客に何を語ってもらいたいか
　　 −どういう風に写真を撮ってもらいたいか
　　 −どのようにその行動や発言を促すか

　などの要素を戦略的に考えて実行していく必要がある。
　表面的に取り繕ったセリフや取ってつけたようなストーリーを並べようと
言っているのではない。顧客が語るに足る本物のストーリーを有しているか
どうかということこそが重要だ。
　顧客は、ブランドの発信するメッセージへの選別眼が磨かれ「ブランドの
マーケティングキャンペーンには安易に加担しないぞ」と考えている。ス
トーリーも造られたものではなく、本物らしく見え、かつ実際に本物である
必要がある。

　一旦こうしたフィルターを通過し、

　　 −自分の生活を向上させてくれるもの
　　 −それを使っている自分の感情がポジティブに変化するもの
　　 −自分がそれを使っていることが自己ブランディングに資するもの
　　 −友達にもぜひ薦めたいし、使ってほしいもの

というポジションを確立すると、顧客はそのブランドのことを積極的に発信
してくれるようになる。
　しっかりと世界観が構成され、多層化されたストーリーを構築しているブ
ランドには、語るべき物語・語るに足る物語が尽きないものだ。

Place → Every Place（あらゆる場所）

「プレイス」とは流通・販売チャネルのこと。製品を広く市場に流通していくための流通経路や販売する場所を指す言葉だ。今まではオフラインの「プレイス」をどう確保するかがブランドにとって重要だったが、スマートフォンの登場以降、デジタル空間内のプレゼンスや体験の重要性がますます増している。

EC市場は、消費全体から見ればまだまだその比率は小さい。商材によってばらつきが大きいが、日本ではB2CマーケットのEC化率は約6%。アメリカでもその比率は約11%しかない。しかし、仮に最終的に決済のポイントがリアル店舗であったとしても、検索や他人のレビューの閲覧をする場所、あるいは自ら評価を書き込む場所はインターネット上にある。「ジャーニー全体でのデジタル比率」は劇的に上がっている。

ここで重要となるのは、カスタマージャーニーのどこをとっても、オンラインとオフライン両方で顧客のケアができていることだ。オムニチャネル、OMO（Online Merges with Offline）といった言葉にも象徴されるように、オンラインとオフラインをどうシームレスにつないでいくか、というのは非常に重要な観点となってくる。

4-5　　　　　なぜリアル店舗が必要か

ECでのマットレス販売から始まったCasperは、2018年頭に最初のリアル店舗をオープンしたばかり。しかし、すでに北米だけで200店舗以上を出店したい、と息巻いている。

このように、ECから始まったD2Cブランドがリアル店舗を持った後に成

長が急加速する例は他にも見て取れる。Warby Parkerも2019年7月現在、30店舗程度を展開。同社もこれからリアル店舗を急速に増やしていく計画だという。GlossierやEverlane、Allbirdsなどこれまで例に挙げたほとんどのブランドは店舗を持っている。しかも数店舗を実験的に展開するだけでなく、その数を急速に増やそうとしている。

こうした影響もあり、Louis VuittonやGUCCIの店舗なども集まる世界有数の高級ブティック街であるニューヨークのソーホーは、今や「D2Cストリート」となった。創業から時間が経ち実績を積み重ねてきたブランドのみならず、創業したてのブランドも含めて数え切れないほどのD2Cスタートアップが軒を連ねる。日本で言えば、銀座の高級店が並ぶ目抜き通りを、創業したてのベンチャーブランドが埋め尽くしているかのような状態だ。

なぜD2Cブランドは店舗を作るのだろうか？　オンラインでスタートすることでインターネット的な価値観を業界に持ち込み、土地や人員などのアセットを軽くすることで急成長を遂げてきたブランドたちが？

CPA（顧客獲得コスト）の低下とLTV（顧客生涯価値）の向上

もともとD2CブランドはSNS広告などを通じて顧客を獲得してきたが、広告費は年々高騰してきている。

D2CブランドはCPA（Cost Per Acquisition：一人当たりの顧客獲得コスト）という指標を重要視するが、SNS広告が高騰してきたため、リアル店舗を構えて新規顧客を獲得した方が、このCPAが安くなってきている。つまり、D2Cブランドにとっては、リアル店舗などオフラインの方が相対的に安くなってしまっているのだ。

ただ、ここで重要なのはあくまでリアル店舗は「オンラインの出先機関」である点だ。あくまでWebやSNSでの展開を主軸としながら、店舗はある種、PRやマーケティング施策の1つとして位置づけられている。店舗が

マーケティング施策だとすると、必ずしも店舗で売上を上げる必要はない。店舗をショールーム化したり、体験型にしたり、イベントスペースにするような実験的な取り組みが多数行われている。

広々とスペースが取られたAwayの店舗の様子

資料：Away HPより

　当初はCPAの低さが理由だったD2Cブランドのリアル店舗展開だが、日々の営業を通じて、CPA以外にも事業上のメリットがあることがわかってきた。

　オンライン経由で獲得した顧客と、オフライン経由で獲得した顧客を比較すると、後者の方がLTVがはるかに高かったのだ。中にはLTVが3.5倍ほどになったブランドもあるという。

　実際に商品を手に取り、スタッフたちと会話を交わすことでブランドへのロイヤリティが向上したのが大きな理由だろう。オンラインでWebサイトを1回訪れるのと、オフラインでリアル店舗を訪問するのとでは「体験の粘着性」がまったく違う。

初めて訪れたアパレルブランドのECサイトでまとめ買いをする顧客は非常に珍しい。まずは恐る恐る1着買ってみて、自分とフィットすることがわかってからリピート購入、まとめ買いをする。しかし店舗に行けば、フィッティングやサイズの不安は取り除かれ、また店舗スタッフから思わぬ商品を勧められたりしてまとめ買いが促される。こうしたやりとりを通じてブランドへのロイヤリティも一気に高まる。

　未来のリテールには、「ハイタッチ（人の温もりが感じられる顧客接点）」と「ハイテク（それを背後から支えるテクノロジー）」の両方が求められると第3章で述べた。D2Cブランドのリアル店舗での高コンバージョンとLTVは、まさにこのうち「ハイタッチ」の価値を証明するものだ。

　「ハイテク」についても触れておくと、Warby Parkerは検索流入が多い地域から順に、独自の業績予測モデルに基づいて戦略的に店舗を展開している。

　もともとECから始まったWarby Parkerは、店舗展開の時点ですべての顧客の住所を把握している。様々なデータを基に、数十人にも上るデータサイエンスチームが独自の業績予測モデルを作り、どこに店舗を作るべきか、その店舗の1年目の売上はどれくらいかの数字を弾き出す。

　業績予測の際にもっとも重視するのは、店舗周辺にいる既存顧客の数だ。その他100近くの変数を扱いながら、どこが最適な出店候補地かというプランを作っている。

「後付けデジタル」は機能しない

　D2Cブランドのようにデジタルネイティブではなく、いわば「後付けデジタル」型の企業ではこうした戦略は取れない。それどころか、パッチワーク的にデジタルとリアルな店舗を接続したため、様々なところで齟齬が起きている。

「後付けデジタル」型企業では、1人ひとりのスタッフが売上のノルマを持ち、その集積が店舗の売上になり、店舗の売上の集積がブランドの売上となる。そして後付けで足されたEC売上が最後にプラスされる。

　これらの企業の財務諸表に目を通すと、ほとんどの企業がEC売上を別カテゴリーとして表記している。これは、彼らがデジタルネイティブとはほど遠いことを表している。

　これからの時代、企業と顧客は長いカスタマージャーニーの中で、様々なタッチポイントを通じて関係を紡いでいく。カスタマージャーニーが長期化する中で、最終的にどこで購入したかは重要ではないのだ（図4-7）。

図4-7　後付けデジタルとデジタルネイティブの違い

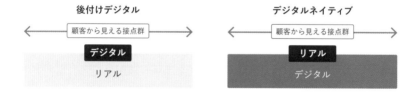

4-6　D2Cの3類型

　D2Cの世界では、コスメ、ジュエリー、アパレル、下着、スーツケース、寝具、ペットフード……などありとあらゆる業界に次々と新しいスタートアップが登場している。カテゴリーごとに整理をし、カオスマップを作っても一瞬で古びてしまうだろう。

　したがって、ここではビジネスモデルごとにD2Cの類型を①売り切り型、②サブスクリプション型、③SaaS + a Box型の3つに整理したい（図4-8）。

図4-8　D2Cの3類型

売り切り型

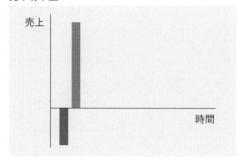

製造原価を上回り、
一定の粗利を確保する金額で販売。

サブスクリプション型

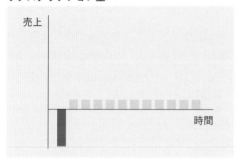

一定の顧客獲得コスト（CPA）をかけた
後に、サブスクリプションによって長期
間にわたって回収。解約率を低く抑え、
LTVの最大化を図ることが重要。長期
間にわたってキャッシュ・ネガティブに
なる傾向あり。

SaaS+a Box型

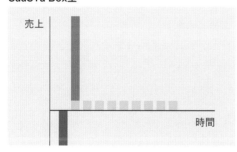

一定の顧客獲得コスト（CPA）をかけ
た後、ハードウェア販売で一気にキャ
ッシュ・ポジティブに。その後もサブ
スクリプションで長期間にわたって課
金を継続。ハードウェアと併用すると
解約率が低く収まる傾向。

類型①：売り切り型

Warby Parker（メガネ）、Away（スーツケース）、Casper（マットレス）など模範的な成功事例とされる多くのD2Cスタートアップがこの売り切り型を採用している。このモデルは基本的に、ビジネスモデル上の工夫は少なく、単純化して言えば「コストをかけて集客し、販売する」のみである。

商材によって違いはあるが、このモデルの特徴の1つは買い替えサイクルが比較的長いこと。スーツケースでは5〜7年、マットレスは10年近くと言われている。

ブランドと顧客が長期的で良好な関係を築くのがD2Cビジネスのコアであると書いた。しかし、一度購入し、さらにロイヤリティを高めてくれた顧客が次に購入してくれるのが5年後という状態では、せっかく関係を構築してもビジネス的な旨味は少なくなってしまう。したがって、こうした売り切り型のD2Cスタートアップは、必然的に商品ラインナップの拡充やサービス領域への進出に注力することになる。

Awayはスーツケースだけでなく、スーツケースの中で荷物を小分けに整理するためのポーチ、そして "The Weekender" という、週末に一泊旅行に行く際に使うようなボストンバッグなども販売している。

第2章で「Awayは"旅"を売る会社である」という事業定義を紹介したのを覚えているだろうか？　この定義に則れば、Awayは事業をサービス領域も含めて大幅に拡大できる。事実、Awayは2017年にはパリにポップアップのホテルも開設し、顧客と新しいタッチポイントを作る実験を行った。

旅全体のカスタマージャーニーの中で、スーツケースとの接点は荷造りから荷ほどきまでしかない。逆に、旅をするときに顧客が利用するであろう旅行案内所、ホテル、空港、飛行機など、他のカスタマージャーニー上にはまだまだ数多くの機会が残されていると言える。

Casperも同様だ。マットレスの買い替えサイクルはスーツケースよりさらに長い。Casperは寝室に置くポータブルランプや、ペット用の寝具の展開を始めている。

Casperが販売するランプ "Glow"

持ち運び可能で、スマホから操作ができる

資料：Casper HPより

Casperもその事業定義は単なるマットレスメーカーではなく、「眠りや"ウェルネス（身体の健康のみならず、いきいきと生活している状態）"を提供する」であることを忘れてはならない。

　Casperは"The Dreamery"という、昼寝ができるスポットをニューヨークのオフィス街の真ん中に設置した。

　The Dreameryを利用するには、まず事前にアプリやWeb経由で予約する。すると、利用者ごとにスペースに余裕のある個室が割り当てられ、Casperのマットレスの上でゆっくりと昼寝をすることができる。利用料は45分あたり25ドルだ。

Casperが出店するThe Dreamery

資料：著者提供

売り切り型のD2Cスタートアップは単品プロダクトを起点としつつ、このように商品ラインナップの拡充やサービス展開に注力している。

　ここでは、比較的買い替えサイクルが長い商材の事例を挙げた。一方、春夏、秋冬と季節ごとに取り揃え、買い替えサイクルが長いとは言えないスーツやアパレルなどは、商材を拡大するよりは、1人の顧客にどれだけリピート購入を促しLTVを上げていくのかが重要となる。

　日本の代表的なD2CブランドであるFABRIC TOKYOも、シーズンごとにスーツを複数取り揃えたり、消耗品であるシャツの取り扱いをすることで、非常に高いLTVを達成しているという。

　買い替えサイクルが数年以上の単位ではなく季節単位で起きるようなものは、売り切り型ではありながら、LTVを重視する点においてビジネスモデルやオペレーションは次の「サブスクリプション型」と近い。

類型②：サブスクリプション型

　髭剃り、歯ブラシ、スキンケアなどFMCG（Fast Moving Consumer Goods。食料品、日用品、化粧品など短期間で消費される製品のこと）系の製品はこのモデルを採用することが多い。これまで取り上げたHims（メンズスキンケア、ED薬、薄毛ケア）、Curology（スキンケア）なども基本的にサブスクリプション型のモデルだ。また、Unilever（ユニリーバ）に約1,000億円で買収されたDollar Shave Clubもサブスクリプション型を採用している。

　このモデルでは、顧客は毎月（少数だが週単位、年単位などのサービスもある）決まった金額を支払い、髭剃りの替刃や、ニキビ用の塗り薬を送ってもらう。今まで、これらはネットで都度注文するか、近くのドラッグストアなどに買いに行くしかなかったため、毎月自宅まで配送されれば顧客にとってはメリットが大きい。

また、サブスクリプションであることで、顧客との関係は必然的に長期化することになり、ブランドロイヤリティも構築しやすい。

類型③：SaaS + a Box 型

D2Cスタートアップは販売手法やコミュニケーション、体験設計などにはふんだんにデジタル要素が埋め込まれているが、プロダクト自体にはテクノロジー的な要素はあまりない。Tシャツにチップが埋め込まれているわけでもなければ、スーツケースがIoTデバイスになっているわけでもない。

その一方で、プロダクト自体が、インターネット接続、コンテンツ配信、データの随時連携機能などでデジタル武装されており、かつD2C型の販売やコミュニケーションを採用しているのが"SaaS（Software as a service）+ a Box"というモデルだ。

このモデルで代表的な存在が、Pelotonという企業だ。Pelotonは、家庭内で使うエクササイズバイクを2,295ドルで販売している。

Peloton が販売するエクササイズバイク

資料：Peloton HPより

子育て中だったり、近所に深夜まで開いているジムがない人向けに、オンラインでエクササイズを受講できるサブスクリプションサービス（39ドル/月）がセットで提供されている。

　このモデルの最大の特徴は、売り切り型の「単体の取引で、マーケティングなどの顧客獲得コストを回収できる」というメリットと、ソフトウェアサブスクリプションの「利益率が高い」というメリットのいいとこ取りができる点にある。

　Pelotonのバイクは家庭で1人で使うものだが、カリスマ化したインストラクターが実施するライブ配信クラスには全米からアクセスがあり、数千人が同時に同じクラスを受講する。

オンラインで受講可能なPelotonのデバイス

資料：Peloton HPより

遠く離れた場所にいる他のユーザーとの一体感を覚えながら、他の参加者とリアルタイムで順位を競い合ったり、ペースを上げ下げすることで、"Peloton（マラソン・自転車競技などの走者の一団、集団、グループの意味）"を疑似体験できるようになっている。

　私もロンドンの店舗で体験したが、自分の順位が上がったり下がったり、バイクの回転数や抵抗の値がリアルタイムで前方の大型ディスプレイに反映されたりと、近代的で、いい意味で粘着性が高く、没入感のあるUXが実現されていた。
　また、ハードウェア自体がデジタルに接続されているために、D2Cスタートアップとまったく違った次元でサービスが提供できる。その1つが販売後もアップデートできる、という点だ。
　Pelotonでは、バイクに取り付けられた大型ディスプレイ経由で、自分が参加したいコンテンツを自由に選ぶことができる。新たに追加されたライブ配信クラスにも参加できるし、累計数万時間にも及ぶクラスレッスンから、インストラクターのタイプ、レッスン時間、内容などに応じて選択することも可能だ。

「白いキャンバス」としてのデバイス

　SaaS + a Box型のサービスで顧客が買うハードウェアは「完成品」ではなく「白いキャンバス」とも言える。これは、iPhoneが、ユーザーがそれぞれアプリをインストールすることで購入日とまったく違うデバイスになるのと似ている。その「キャンバス」に向けて、ブランド側が多種多様なコンテンツを届け、ハードウェアの機能向上のアップデートをかけることで、プロダクトの性能が上がり、サービスコンテンツが増え、ユーザーの習熟度が上がる、という3つのループが駆動し始める。非常に高度なユーザー体験を届けられるようになるのだ。

SaaS + a Box型の事例はまだ多くないが、ビジネスモデルとして大きな
ポテンシャルを秘めており、今後多くの企業がこのモデルにトライしていく
だろう。

5-1　ベンチャーキャピタル(VC)が投資するD2Cの条件

　Dollar Shave Clubのリード投資家であったVenrockのデヴィッド・パックマンは、Dollar Shave Clubが、創業直後のシリーズAの資金調達に奔走していた頃にいち早くその可能性を見抜き、シリーズAをリードした人物だ。Dollar Shave Clubは、2012年の創業からわずか2年で、売上約200億円、会員数も320万人まで急成長したスタートアップ。そのマーケットシェアは、男性用カミソリ市場の約10％にまで成長し、その後、Unileverに1,000億円で買収されることになる。

　彼は、投資家の観点から、D2Cスタートアップに投資する条件を以下のように書いている。

- 差別化され、粗利が高い商品を提供している
- ゼロサム市場である（1人が複数ブランドを使い分けない。
   たとえば、髭剃りやマットレスは基本的に1人1つだ）
- 既存プレイヤーが小売のみで販売しており、顧客と直接の接点を
   持っていない
- 既存プレイヤーがマス広告に依存している
- 使用データが獲得でき、機械学習などでデータ分析の精度を上げる
   ことが可能なプロダクトやサービスである

　いまや、自動車も家もECで販売されていることを考えると、今後あらゆる産業がD2C的な要素を兼ね備えていくだろう。また、スタートアップだけでなく、大企業が自らのビジネスをD2C化していくことも増えてくるはずだ。アメリカでは世界最大の小売企業Walmartや、大手百貨店のTargetなどがD2Cコングロマリット化への取り組みを始めている。また、NikeやP&GなどのブランドもD2Cへのトランスフォーメーションに励んでいる。

この章では、

　　－スタートアップ
　　－大企業（大手ブランド）
　　－大企業（大手小売）

の3つに大別して、D2Cブランドをどう立ち上げていくかの具体論を紹介していこう。

5-2　　　　D2Cスタートアップの作り方

「カリスマ創業」から「共同チーム創業」へ

　D2Cの特徴はデジタルネイティブであることだが、その創業の仕方はいくつかの点で他のインターネット企業と異なる。

　1つは、1人のカリスマやリーダーによる創業ではなく、共同創業が非常に多いことだ。

　Warby Parkerは、ニール・ブルーメンソールとデーヴ・ギルボアをはじめとした4人によって立ち上げられている。また、Casperは、フィリップ・クリムなど5人によって創業。Awayはステフ・コーリーとジェン・ルビオの2人の女性が立ち上げた（ちなみに彼女たちは2人ともWarby Parkerで同僚として働いていた）。また、Allbirdsもティム・ブラウンと、クリーンテクノロジーの起業家ジョーイ・ズウィリンガーの2人によって創業されている。

　共同創業が多いことに加え、エンジニア起業家が少ないこと、ビジネスス

クール出身者が多いことなども、シリコンバレー中心のこれまでのスタート
アップとの違いとして挙げられる。

　エンジニア起業家の数が少ないのは、無料あるいは安価で使える、オンラ
インでのブランド立ち上げを支援するツールやサービスが普及したことで、
技術ハードルが著しく下がったからだろう。

　商品さえあれば、まったくコードを書けなくても、Webサイトへの商品
掲載、決済、在庫管理、メール返信の自動化など必要最低限の機能を備えた
ブランドを立ち上げることができる。特に、後で詳しく解説するShopifyと
AWS（Amazon Web Services。Amazonが提供するクラウドコンピューティ
ングサービス）は、2019年時点ではD2Cブランドがほぼデフォルトで使
うツールだ。

　ある程度の技術力は必要ではあるが、基本的に既存のツールを編集・習得
しながら開発していくスタートアップが多い。

　高度なエンジニアリングスキルが必須ではない一方、D2Cビジネスを立
ち上げるには、「総合格闘技」とも言えるほど様々なスキルが満遍なく必要
となる。

　D2Cビジネスを立ち上げるのに必要なスキルや能力は、マーケティング、
ブランディング、製品デザイン、パッケージデザイン、Webサイト設計、
アプリケーション開発、ロジスティクス、生産管理、サプライチェーンマネ
ジメント、SNS運用、店舗設計、店舗スタッフの採用と教育、カスタマーサ
ポート……など、挙げればきりがない。また、D2Cでは、オペレーション
構築やサプライチェーンマネジメントなど、伝統的なメーカーに勤めるビジ
ネスパーソンが持つスキルセットが重要となる。MBA出身者が多いのは、
こうしたことも背景にあるだろう。

　従来のインターネットサービスはエンジニアが1人でプロダクトの骨格を
作り、その後エンジニアリングチームを強化し、今度はマーケティングを強
化して……と徐々に組織化していけばよかったが、D2Cブランドはそれら

を同時並行的に行っていく必要がある。

　Awayの2人は、D2Cのチーム編成としては象徴的だ。
　デジタルマーケティングを得意とするジェン・ルビオと、サプライチェーンマネジメントを得意とするステフ・コーリーの共同創業。「デジタル時代のブランドの申し子」としてジェン・ルビオが徹底的にSNSなどを活用しつつ、ステフ・コーリーがものづくりや物流、在庫管理など伝統的なメーカー的役割を担う。

　D2Cスタートアップはカリスマ主導型ではない。適切なチームを組み、そのチーム全体でビジネスを作っていくのが「D2Cスタイル」だと言えるだろう。

デフォルトツール、AWS と Shopify

　ほんの10年ほど前までは、オンライン上で自社のブランドを立ち上げて販売するのは、非常に難易度の高いことだった。顧客データベースの構築、管理やカートシステム（商品一覧の表示、決済、在庫有無表示）などの機能を持つWebサイトを作るには、巨大なサーバーと多数の技術者を抱えるだけの大きな資金が必要だった。したがって、これまでオンラインでダイレクトに顧客へ販売するのは大企業か、大きな資金調達をしたベンチャー企業に限られてきた。

　そうした資金力の壁を突破する助けとなったのが、AWSとShopifyだ。どちらも2008年に登場したツールだが、この頃D2C第一世代と呼ばれるBonobosというブランドが立ち上がったのは、決して偶然ではない。

　AWSは、月額数千円から使用可能。サーバーやストレージ、データベースを自前で構築する必要もなく、将来の需要に備えて、余分なハードウェア

を買い込んでおくことも不要だ。使用量は需要に応じてダイナミックに変更できる。

Shopifyは、世界シェアNo.1のECサイト構築プラットフォーム。誰でも簡単にECサイトを開設することができる。決済、在庫管理、顧客データベース管理も可能だ。

他にも色々なツールがあるが、AWSとShopifyはアメリカのD2Cスタートアップのデフォルトのツールとも言える。どのサイズの売上規模にも対応できるのが特徴で、Allbirdsは創業時から売上が数百億円を超えた今でもShopifyを使い続けている。

Shopifyではデザイン性の高い多様なフォーマットから、自社の商材に合うものを選択可能だ。

ビジュアル、言葉遣い、ロゴ、商品やモデルの写真などを自ら構築し、あくまでそのブランドの世界観の中で販売することができる。こうした環境が整ってきたことで、資金力と技術力のないベンチャー企業が、自らオンラインでブランドを立ち上げられるようになった。

ただし、AWSやShopifyという心強いツールはあるものの、D2Cが「総合格闘技」として、様々なスキルや経験を求められることにはかわりはないし、様々な能力を持つ人材がすぐに揃うわけではない。

D2Cスタートアップ側に、人材やスキルに対する強いニーズが存在するのに加え、その数自体も急速な勢いで増えている（すでに1,000社を超えるとも言われる）状況もあり、アメリカでは、D2Cスタートアップへサービスを提供する企業が急増している。

19世紀のカリフォルニアのゴールドラッシュのときに、自ら金を掘りにいくのではなく、金を掘る人につるはしやシャベルを販売した人が大金を手に入れることができたのと同様の流れだ。

ブランディング、不動産、PR、サプライチェーンマネジメントなどに特化したバラエティに富んだ企業が現れ、多種多様な側面からD2Cスタート

アップを支援している。ここからは、各プレイヤーを紹介していこう。

クリエイティブエージェンシー

　D2Cエコシステムの主要プレイヤーの1つがクリエイティブエージェンシーだ。

　具体的にどのような企業が存在するのか、どのような役割を担っているのかに触れる前に、デジタル時代のクリエイティブの特性について先に触れておこう。

点ではなく波

　D2Cスタートアップに限らず、現代の顧客はデジタルを介して情報収集、情報摂取することがデフォルトになっているため、ブランドが制作しなければならないコンテンツは爆発的に増えている。そして、それぞれのコンテンツに対して適切なクリエイティブ品質を確保することが重要となる。

　たとえば、一口にSNSと言ってもその数は多く、Facebook、Instagram、Snapchat向けの投稿はそれぞれ内容やスタイルも変わる。それぞれのSNSプラットフォーム向けにビジュアルとテキストの内容とのバランス、テキストの語尾（ですます調なのかである調なのか、感嘆符をつけるのか、絵文字をつけるのか、など）にまで配慮する必要がある。

　SNSだけではない。顧客は、ブランドが発する360度展開の言語的、非言語的メッセージを通じてブランド体験を知覚する。店舗の外観、店舗での接客スタイル、店頭で受け取るフライヤーや、クレジットカード決済でサインをする際に渡されるボールペン、Webサイトのデザイン、オンライン購入のプロセス、商品を入れる箱、カスタマーサービスとのやりとり……。そうしたすべてを通じて、顧客はブランドに対する評価を形成する。こうしたインターフェースのすべてを丁寧に作り込む必要があり、同時にそれらはデザインの対象にもなる。

これまでのブランドのコンテンツは、Webサイトのトップページや広告に使われる数枚の「メインビジュアル」を作り込むときのように、集中するべき「点」があった。

しかしデジタル時代のコンテンツは、「点」ではなく「線」、あるいは「波」のメタファーで捉える必要がある。波のように、というのはつまり、永遠に寄せては返すということだ。1つないしは少数のメインビジュアルだけをスタイリッシュに見せるのではなく、ビジュアルやテキストを多産しながらコンテンツを作る必要がある。

競争力の源泉としてのデザインとブランディング

D2Cビジネスを展開するにあたって、デザインやクリエイティブは非常に重要な要素だ。モノがあふれ、機能や価格による差別化が難しくなる中、D2Cブランドはプロダクトそのものよりも製品周辺のコンテクスト（製品が提供するイメージ、ブランドの特徴、自分たちがいいと思うライフスタイル、プロダクトの届け方など）を訴求している。それは、顧客体験やストーリーテリングのイノベーションだ。

したがって、製品開発と同等、あるいはそれ以上にこうした"コンテクスト開発"が重要になってくる。コンテクストは製品以外のビジュアル（写真や動画）、テキスト、その組み合わせによって作られていく。「何をどう見せるか」「何をどう語るか」、すなわちビジュアルや言葉選びのクオリティがD2Cブランドの競争力の源泉となる。

成功しているD2Cスタートアップのクリエイティブ品質には、ベンチャー企業らしい荒削り感はまったくなく、革新的でいながら、洗練さと高級感のバランスをとった極めて高度なクオリティを実現している。

こうした高いクリエイティブ品質があるがゆえに「高級ブランドの洋服には惹かれるが経済的余裕がない」「粗製乱造のファストファッションのものを身に着けるのは気が引ける」といった層から支持を得ることができているのだ（図5-1）。

図5-1　D2Cブランドのポジショニング

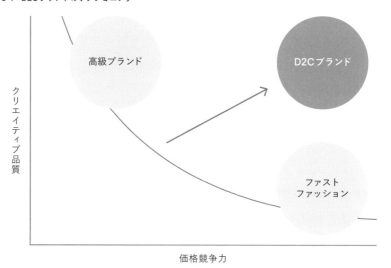

もちろん、資金やノウハウ、人材に乏しいD2Cスタートアップは最初からクオリティの高いクリエイティブを作れるわけではない。

そこで登場するのが、クリエイティブエージェンシーだ。D2Cの震源地ニューヨークでは複数のクリエイティブエージェンシーが、D2Cスタートアップにコンサルティングサービスを提供している。

D2Cスタートアップ向けのブランディングで有名なのが、Mythology（旧Partners & Spade）、Red Antler、Gin Lane（2019年8月にエージェンシー業務を停止し、自身でD2Cブランドを展開するPattern Brandsに社名を変更）だ。

Red AntlerはCasperの成功で名を馳せ、今やAllbirdsはじめ多数のD2Cスタートアップのブランディングを行っている。

Red AntlerはVCと連携し、シード投資やシリーズAなどのまさにこれか

らというD2Cスタートアップに対してブランディング業務を提供している。

　一般的には投資家やスタートアップ企業は、ブランディングに大きな投資をしない傾向にあるが、D2Cでは会社の価値に占めるブランディングの割合が大きい。したがって、投資家サイドも、投資先のスタートアップに対し、ブランディング投資をするように助言し、その資金も提供する。Red Antlerはそのような VC と連携し、ブランディング業務を行っているのだ。

　Mythology も、Harry's、Warby Parker、Peloton など、名だたる D2C スタートアップのブランディングを行っている。

　「自分たちはデザイナー、建築家、マーケター、編集者/ライターからなるエージェンシーだ」と公言しているところがユニークなポイントだ。クリエイティブエージェンシー内に言葉の使い手である編集者・ライターを置き、ブランドの世界観づくりのサポートをしている。これは先の章で紹介した、ブランドがメディア化する、という動きと同一のものだ。

　また、店舗の内装設計等を担当する建築家がチームの中にいるのも、ほとんどすべての有力 D2C スタートアップがリアル店舗を作るというトレンドを色濃く反映している。Gin Lane も、現在はエージェンシー業務をやめてしまったが、sweetgreen や Hims など数多くの D2C ブランドのブランディングを手がけてきた。

クリエイティブエージェンシーの役割

　こうしたクリエイティブエージェンシーは D2C 向けのブランディングを定型化しており、そのプロセス、金額、アウトプットなどをパッケージ化することで、ブランディングの完成度が高い D2C スタートアップの多産化を実現している。

　クリエイティブエージェンシーのサービス内容は、ロゴ作成、タグライン（キャッチコピー）作成、ビジュアルガイドライン作成、ブランドのキャラクター検討など多岐にわたる。まだ生まれたばかりで、最初の製品もようや

くできるかというタイミングで企業のブランディングを考えることになるた
め、クリエイティブファームの担当者は「このブランドを通じてどのような
ライフスタイルを届けたいのか」「既存プレイヤーとはどう差別化するのか」
「どういう方法で製品ローンチをするか」など、抽象的かつ戦略的なレイ
ヤーまで起業家と議論する。

　リサーチ、戦略、クリエイティブマテリアル作成といった一連のプロセス
を2〜3ヶ月という期間で行い、それが終わる頃には、AppleやCOACH、
Nikeなどのブランドと遜色ないクリエイティブの競争力を持ったアウトプ
ットができ上がる。

　こうした高いクオリティを実現できるのは、先に挙げたクリエイティブフ
ァームが世界一流の名だたるB2C企業にもサービスを展開しているからだ。
たとえば、Warby ParkerやAllbirds、Himsなどのブランディングを手がけ
たMythologyは、高級スーパーマーケットのWhole Foods Marketや、
Google、Coca-Colaなどもクライアントに持つ。Mythologyの前身の
Partners & Spadeの創業者ジャック・スペードは、妻のケイト・スペード
と「Kate Spade」を共同創業した人物でもあり、高級ブランドがどのよう
にクリエイティブに気を配っているのか、どのようにデザインの力を使って
いるかを知り尽くしている人物でもある。

不動産

　D2Cスタートアップがリアル店舗を持つ効用については前述した通りだ。
しかし、スタートアップがいざ実際にリアル店舗を作ろうとすると、人材や
資金が十分でない彼らには非常に負担が大きい。そもそも不動産をどうやっ
て探したらいいのか、どのように物件オーナーや不動産業者と交渉や契約を
すればいいのかなどもわからない。

Uppercaseは、そういったスタートアップに不動産関連サービスを提供している企業だ。同社は、現在、ニューヨーク（ソーホー）、ロサンゼルス（ヴェニス）、トロント（クイーンウェスト）で、不動産業者、内装業者、デザイナーなどのネットワークを形成している。それぞれの地域のデータを解析しながら、どの地区のどの物件に出店すべきかのコンサルティングを行い、煩雑な法務、契約、保険、支払いなどのサポートも行う。Uppercaseのサービスは、短時間でリーズナブルに店舗展開をしたいD2Cスタートアップのニーズに合致している。Uppercaseは、CasperやEverlaneなどのD2Cスタートアップのみならず、Nikeなどの大企業に対してもサービスを提供している。

　また、最近はポップアップストアの出店も増えている。StorefrontやAppear Hereは、期間限定のポップアップストアを実施したいD2Cスタートアップに向けて、豊富な物件リストから最適な場所を提案する企業だ。

　最近ニューヨークではSHOWFIELDSという商業施設が注目されている。ソーホーにある4階建ての建物は「D2Cビル」とすら呼ばれている。4階建てのビルの各フロアは数坪の細かい区画に分かれており、その区画内で創業直後のD2Cスタートアップが自分たちのプロダクトをテスト販売している。3階と2階の間を滑り台で降りて移動できるようになっていたりと、エンターテインメント性の高い空間だ。

ベンチャーキャピタル

　「東海岸っぽいVC」というのは日本にはまったくないタイプのVCだろう（テック系のベンチャーが集まるシリコンバレー一帯を「西海岸」、金融・メディア系が集まるニューヨークを中心とする一帯を「東海岸」と呼ぶ。両者では文化がまったく異なる）。ニューヨークはブランディングやメディア企業で功と財を成した人が多く、こうした人たちがVCを始めるケースが増え

ている。

　彼らは、「スケーラビリティがどれだけあるか」という伝統的なVCらしい指標も気にしつつ、新しいカルチャーの創造に寄与しているか、そもそもクールか、ユニークな世界観を持っているか、などにも配慮して投資をしている。

　たとえば、Lerer HippeauというVCは、ケネス・レラーによって設立された。彼は大手オンラインメディアのHuffington Postの創業者でもあり、Buzzfeedの会長も務めていた、オンラインメディアの重鎮だ。もう1人の共同創業者のエリック・ヒッポーはHuffington Postの元社長。90年代当時、世界最大のITメディア企業であったZiff Davis（ジフ・デイビス。ソフトバンクが買収したことで知られている）の元会長でもある。その後、ソフトバンクキャピタルのパートナーなどを歴任した、メディアと投資の世界を知り尽くしている人物だ。

　Webサイトのメンバー紹介のページには女性がずらりと並び、男性がずらりと並ぶ西海岸のシリコンバレー系のVCとはずいぶん趣おもむきが違う。

　投資先には、Allbirds、Casper、Cotopaxi、Glossier、Everlane、Warby Parkerなど錚々そうそうたるD2Cブランドが並ぶ。

　Forerunner Venturesはサンフランシスコに拠点を置くVCだ。西海岸に位置しはするが、シリコンバレーに拠点を置くVCとは違った雰囲気を持つ。Forerunnerもまた、女性が多く働き、そのバックグラウンドは小売やクリエイティブエージェンシー出身など多様だ。これまでHims、Away、Glossier、Birchbox、Bonobos、Warby ParkerなどにInvestしており、D2C界隈では代表的なVCと位置づけられている。

　Atomicは非常にユニークな新しいタイプのVCだ。彼らは、通常のVCのように次々と持ちこまれる新しいアイディアを評価して投資を行うのではなく、自らが事業アイディアを200ほど有しているという。

アイディアだけでなく、グロースの方法などの知識に加え、人事、総務、経理などの機能・人的リソースも提供する。「起業家はそんなことに悩む必要はない。プロダクトのことだけを考えてくれればいい」というのがAtomicのスタンスだ。

　様々なスキルや経験が初期から求められることがD2C立ち上げのボトルネックとなっていることを考えると、Atomicが展開するこの手法は今後「D2Cスタートアップ量産」のモデルケースとなる可能性を秘めている。ちなみに、彼らのファンドには、マーク・アンドリーセンやピーター・ティールなどのシリコンバレーの重鎮が出資している。

　実は、HimsはAtomicが彼らのノウハウを結集して生んだスタートアップだ。アイディアから年商100億円のスタートアップを作るまでのプロセスを公式化したい、と意気込む彼らの様子を見るかぎり、今後も多くのD2CスタートアップがAtomicから生まれてくるだろう。

PRエージェンシー

　DerrisというPRエージェンシーが、数多くのD2CブランドのPRを引き受けていることはあまり知られていない。第2章ではWarby Parkerが行った独特なPR手法を紹介したが、その背後でPR戦略を考えていたのがDerrisだ。それ以降、Harry'sやEverlane、Glossier、Himsなど錚々たるD2CスタートアップのPRを手がけている。Derrisは一般的なPRエージェンシーの業務の枠を越え、プロダクトのローンチ戦略まで深く関わるのが特徴だ。D2Cスタートアップへの投資も行っている。

　また、Derrisはアメリカで成功したD2Cスタートアップの国外進出を支援するため、イギリスのPRエージェンシーSampleを買収した。

　D2Cはコンテクストや世界観作りやストーリーテリングが重要なビジネ

スだが、丁寧なストーリー作りをしていく分、どうしても特定の文脈やコンテクストに依存してしまう。

Warby Parkerはジャック・ケルアックの著作の登場人物の名前を組み合わせたブランド名だが、ケルアックという作家がヒッピー文化の中心にいたという歴史的文脈は、アメリカ国外では理解され難いだろう。

私は以前ロンドンでアメリカ発のD2Cブランドを回ったが、店内のBGMがアメリカ的で、ロンドンの雰囲気にまったく合っていなかったことをよく覚えている。進出先の土地ごとの文脈を丁寧に汲み取りながら世界観を再構築するには、現地のPRエージェンシーの力が必須だろう。買収の背景にはこうした事情もあったと考えられる。

ここまでクリエイティブエージェンシーや不動産、PRエージェンシーを挙げたが、それ以外にも、サプライチェーンマネジメントや製造請負、在庫管理、人材斡旋など多様なプレイヤーが存在し、D2Cのエコシステムを強固にしている。

5-3　　　　　大手ブランドのD2C化

これまでD2Cスタートアップやそのエコシステムについて触れてきた。ここからは、大手ブランドのD2C化について解説していく。

小売の「ミレニアル世代化」をどう進めるか

先述の通り、D2Cは「小売のミレニアル世代化」とも言われる。

出版、文具、家具などまだまだ多くの業界で、ミレニアル世代化されずに古びた前近代的なビジネスモデルを連綿と続けているところは多い。

ここで言うミレニアル世代化とは、

- デジタルネイティブのコミュニケーション、UXが実現されている
- ヒエラルキー型の「縦」ではなく、ネットワーク型・コミュニティ型の「横」でブランドと顧客の関係性が築かれている
- 世界観を中心とした訴求ができている

ということだ。

こうした変化を起こしながら、新しい顧客に対して受け入れられ続けるブランドである必要がある。さもなければ、Casperの登場が破産の大きなきっかけとなったMattress Firmのようになってしまうだろう。

デジタルと距離の遠かった業界も、今後はものすごいスピードでデジタルに呑み込まれていく。今後、その変化に対応していくには顧客体験（表側）、システムやオペレーション（裏側）のどちらも変革していく必要がある。

既存の業界大手がD2C化するにあたってのハードルはたくさんあるが、ハウツーの前に、そもそも何を目的としてビジネスをしているのか、というマインドセットそのものを変えていかなければならないだろう。

マインドセットの変革

　大手ブランドが自らのビジネスをD2C化するには、まず自分たちはメーカーではなく、テック企業でありメディア企業である（あるいは、そうならなくてはならない）と認識することが重要だ。

　第1章でも触れた通りD2Cブランドを人格になぞらえると「カルチャー誌の編集者兼エンジニア」とも言える。高度なデータ分析を行うと同時に、世界観を語るストーリーテラーでもある。
　もちろん、実際にモノを作る以上、クラフトマンシップも引き続き重要になるのは間違いない。しかし、モノのよさだけでは、顧客にその価値はもはや知覚されない。既存の大手ブランドはものづくりや物流には長けているだろうが、エンジニアリング、ストーリーテリングの2つの能力や人材を強化していく必要があるだろう。

エンジニアリングの重視

　テック企業であるということはエンジニアリングを重視するということだ。商品開発、マーケティング、出店戦略やプライシングなど、D2Cビジネスのあらゆるプロセスにエンジニアが入り込み、重要なビジネス上の意思決定をサポートする。

　1人ひとりの顧客と長期にわたる関係を構築していると、
　「何回Webサイトを訪れたか」
　「その頻度は？」
　「購入したものとその日付は？」
　「これまでの合計購入金額は？」
　など多くのデータが手に入る。

D2Cのマーケティングでは、「パフォーマンス・マーケティング」という手法が一般的だ。

　顧客獲得を目標に据えつつ、インプレッションやクリック数、インストール数などの指標を見ながら、膨大な数のパターンから、適切な検索キーワードのリスティングやSNS広告の投稿内容や時間帯、場所などをチューニングしていく。

　これらの動作を行う組織をマネジメントチームの直轄下に置き、データ、エンジニアリング駆動型のビジネスオペレーションを構築する。そうすることで初めて、デジタル空間も含めた広義の「おもてなし」を実現することができるだろう。

ストーリーテリングの管理

　D2Cブランドは、コンテンツディレクターのような職種を設けることも多い。コンテンツディレクターとは、ブランドの世界観やストーリーの責任者だ。ブランドの声としてどのようなトーンとマナーでメッセージを発していくかの指針づくりとストーリーテリングを担う。

　自分たちのブランドが、チアリーダーのようなキャラクターなのか、マッチョなインストラクターのようなキャラクターなのか、あるいは落ち着いた家庭教師のようなキャラクターなのかで、顧客向けに発するメッセージは変わってくる。ブランドの見え方、そしてユーザーコミュニティの形成と管理までコンテンツディレクターは一貫して責任を持つ。

　消費者ブランドとして最低限必要な、製造、生産管理、在庫管理、カスタマーサポートなどの機能はもちろん引き続きしっかりと運用しなければならない。しかし、先述した「カルチャー誌の編集者兼エンジニア」のようなマインドセットを獲得し、ビジネスを運用するには、こうしたエンジニアリングとストーリーテリング機能を組織の中心に据える必要がある。それができ

れば、次に考慮が必要なのはビジネスモデルそのものの再検討だ。

ビジネスモデルの再構築

　伝統的なブランドは、毎月の店舗売上を集計するというボリューム積算型のビジネスをしていた。

　たとえば、経済メディアや金融機関のアナリストが小売業の業績を評価する際には、既存店売上高の前年度比較などを重要な指標にする。しかしD2Cでは、新規顧客獲得数やARPU（Average Revenue Per Userの略。いち顧客あたりの売上）、チャーンレート（離脱率）、LTVなど、これまでブランドの事業パフォーマンスの評価では使用されなかった指標が重要になってくる。特に、これまで紹介してきたDoller Shave ClubやHarry's、Himsのようなサブスクリプションビジネスは、上記のような指標を重視し事業パフォーマンスを管理してきた。

　D2Cブランド化するということは、売上や粗利のような足し算、引き算の世界から、割り算や確率のような高度な計算が必要になるということだ。

　すでに何度か出てきているが、LTVとは直訳すると顧客生涯価値。1人の顧客が、ある企業と取引を始めてからやめるまでの間（顧客ライフサイクル）にもたらした売上の累計金額のことを指す。

　LTVの計算式は多数あるが、ここではベーシックなものだけ紹介しよう。

CASE 1：化粧品のサブスクリプション
- 月額（ARPU）：5,000円
- 顧客ライフサイクル：5ヶ月
- LTV = 5,000 × 5 = 25,000円

CASE 2：スニーカーブランド
- 商品単価：12,000円
- 平均購入回数 2.5回
- LTV = 12,000 × 2.5 = 30,000円

　顧客と良好な関係を築くほどに、ロイヤリティは高まる。ロイヤリティが高ければ高いほど、ライフサイクルは長くなり、また、購入金額が大きくなるためLTVも高くなる。デジタルによって顧客接点が長期化する中、LTVは売上高と同じように重要な指標となる。

　また、LTVをより精緻に算出するには、顧客を獲得・維持するためにかけた費用との関係で考える必要がある。先のCASE 1の例で言うと、LTVは25,000円。たとえば、300万円の広告費をかけて100名の新規顧客を獲得した場合を考えてみよう。

広告費：3,000,000円
獲得顧客数：100
1人当たりの顧客獲得コスト（Cost per Acquisition：CPA）：30,000円

となる。このとき、
LTV 25,000 < CPA 30,000
で5,000円の赤字となり、ビジネス的には成立していない。この不等式を逆転させるには、LTVを大きくするか、CPAを小さくするしかない。
　LTVを再度分解すると、「月額5,000円×顧客ライフサイクル5ヶ月」となる。LTVを大きくするには月額の金額を上げるか、顧客ライフサイクルを長期化するしかない。なお、顧客ライフサイクルを長期化するには、チャーンレートを下げる必要がある。毎月20％のユーザーが離脱するサービスと5％のユーザーが離脱するサービスでは収益率はまったく異なる。
　また、広告費も、口コミが起きる仕掛けを作るなどし、なるべく実費がか

からないようにすることができればCPAを下げることができる。

　まとめると、LTVを最大化もしくは回収期間を最低限にするためには、以下の4点を意識する必要がある。

- 平均購買単価を上げる
- 購買頻度を上げる
- 継続期間を長くする（加えてチャーンレートを下げる）
- 新規顧客獲得コストを最小化する

　もちろん、扱う製品やマーケット環境によって取り扱う変数が大きく異なるため、上記のような単純化したモデルではすべてをカバーできない。しかし、これまでのメーカー的な事業管理だけではなくソフトウェア企業的な事業管理も必要になるという点は抑えておいた方がいいだろう。

人事評価の設計

　これまでの伝統的な小売店ではセールスパーソンごとに売上目標があり、その達成度合いに対してインセンティブを付与してきた。しかし、これからの売上は、自社ECサイトや旅行先の店舗など、長いカスタマージャーニーの中で散発的に発生していくものになり、セールスパーソンや店舗に売上をひもづける方法はそぐわなくなってくるだろう。

　デジタルチームとリアル店舗でどうシームレスな顧客体験を実現し、1人ひとりのLTVをどう最大化していくか、という観点で成果も測る必要がある。

製品開発/改善プロセスのオープン化

　Glossierはオンラインのカスタマーサポートを「Online Editor」と呼び、リアル店舗のスタッフを「Offline Editor」と呼んでいる。彼女たちは、苦情処理やトラブル対応を行うただのカスタマーサポートではない。顧客から

の問い合わせに対し、フレンドリーに接し、一緒に解決策を考える。また、単に受動的に顧客からの問い合わせに対応するだけでなく、新しい商品開発のアイディア出しやブレインストーミングにも参加する。

　彼女たちには、特殊なスキルや経験が必要なわけではない。ただ、自身がGlossierの顧客であり同時に熱烈なファンであることが重要だ。彼女らを「Editor」と呼ぶのは、創業者や経営陣など一部の人がその世界観を作っていくのではなく、従業員個々人がブランド全体の世界観の編集者だと考えるGlossierの姿勢の表れだろう。

　Glossierに限らず、多くのD2Cブランドは、SlackやSNS上、あるいは店頭で、顧客から直接フィードバックを集めながら接客を行う。

　日本国内でも、顧客の声を集めて商品化した無印良品の「IDEA PARK」は、かつてユニークな取り組みとして取り上げられることが多かった。しかし、顧客とのダイレクトな対話を商品開発に活かすのは、現在のD2Cブランドにとっては「基本動作」だ。

　D2C化するということは、顧客の声を恐れずに聞き、対話をし、さらにフィードバックをもらうことを恐れないということだ。もちろん製品開発だけでなく、配送やオーダー、決済などユーザー体験に関わる部分でも、顧客とのやりとりの中で改善を繰り返していく。

世界有数のブランド、NikeのD2C化計画

　以上の前提を踏まえて、具体例を1つ見てみよう。

　既存ブランドのD2C化を実践する代表格がNikeだ。Nikeは、2017年半ばにTriple Double Strategy（2X）という成長戦略を発表。「イノベーションのリズムと影響力」「市場へのスピード」「顧客との直接的なつながり」を2倍にすることにコミットしている。ここで挙げた3つ目の「顧客との直接的なつながり」はD2Cの戦略そのものだ。

世界最大のスポーツウェアブランドで、世界トップクラスのブランド価値を持つと言われる同社がD2C化に舵を切るのは、伝統的な大手ブランドでさえD2C化が必要とされていること、そしてそれが実行可能であることの証左であろう。

　Nikeが自身のD2C化に向けて行っているのは、以下のような施策だ。

1. デジタルを中心とした組織の新設・改変
2. 複数のデジタル系企業の買収
3. デジタルツールを通じた顧客データの収集
4. 販売チャネルを整理し、直販へ随時切り替え

　NikeはD2Cを含むデジタル施策Nike Directの2018年第4四半期の売上が約1.2兆円（前年同期比13％増）となった。

　D2Cと区分できる顧客への直接販売の比率は31％。2010年以降、着実にその比率を増やしており、2017年からの2年間では28％（約2,600億円）増加している。この数字は、2017年からのNike全体の売上成長の約半分を、D2Cビジネスの成長が占めているとも言える。

　また、D2C化への足場となる新しいストアコンセプトの立ち上げや、データ分析を中心に、2019年期は合計1,000億円程度のデジタル投資を行っている。NikeはConsumer Direct Offense戦略を2017年に発表し、D2Cの売上を2020年には約1.6兆円にすることを目標としている（図5-2）。

図5-2　NikeのD2C部門の売上推移

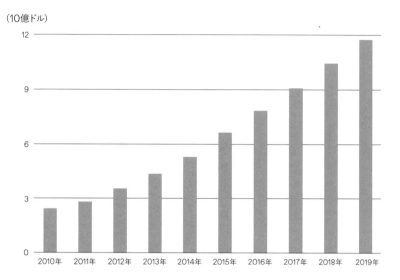

（10億ドル）

出所：https://www.statista.com/statistics/294512/nike-s-dtc-revenue-worldwide/

　Nikeは、いったいどのようにD2C化へのトランスフォーメーションを行ったのだろうか。

組織変革

　Triple Double Strategy（2X）では、D2C化への取り組みに向けて、Chief Digital Officer（デジタル戦略最高責任者）が率いる "Nike Direct" という組織が新設されている。Nike.comやNikeのモバイルアプリなどの先行するデジタル施策に加え、そうしたデジタルアプリケーションや施策をどうリアル店舗とシームレスに統合するかなど、広範なテーマをカバーする組織となっている。

買収

　Nikeは自らD2Cを含むデジタル施策を推し進めつつ、買収も行いながらスキルや経験を獲得している。

　2019年5月、Nike Plusというスマートフォンアプリ内に、足のサイズ計測ができる"Nike Fit"という機能が追加された。顧客はスマートフォンのカメラで自分の足をスキャンすれば、その情報がアプリ内に保存され、サイズに合った商品が薦められる。

　この機能は、2018年3月に買収した3Dスキャン技術を持つ会社Invertexの技術を使用して作られたものだ。秀逸なのは、サイズ計測をデジタル内に閉じた機能にするのではなく、店頭での体験にもつなげている点だ。このアプリを使う顧客が店舗を訪れた際は、データをもとに試着するアイテムを選んだり、試着の事前予約ができる。なお、同4月にはデータ分析会社Zodiacも買収され、Nike Directのデジタルチームに統合されている。

チャネル改革

　NikeはD2C化の一環として、販売チャネルの大改革も行っている。

　全世界で30,000という膨大な数の流通パートナーから、ブランドの世界観を忠実に再現し、ベストプラクティスの顧客体験を提供できる40のパートナーを厳選。2023年に直営店とこのパートナー40社経由の売上を北米地域全体の8割程度に引き上げるのが現在のNikeの目標だ。独立した販売スペースを持てること、専用のトレーニングを受けた販売員による接客ができることなどの基準を満たした企業だけが、パートナーになることができる。

　加えて、Nikeはデジタルやテクノロジーを前面に押し出した直営店の展開も進めている。2018年、ロサンゼルスに"Nike Live"をオープン。店舗周辺エリアの購買データに応じて、店頭の品ぞろえをライブで変えていく小型ストアだ。Nike公式アプリやECサイトを利用している地元のNikePlus会

171

員が、利便性を最大限享受できるように設計されている。

　数多くの世界的ブランドが旗艦店を置くニューヨークの五番街にできた新しい旗艦店「House of Innovation 000」は、68,000平方フィートの広さを誇る6階建ての店舗。アプリを使いながら買い物をする前提で設計され、支払いや、試着室への商品の手配、スタイリストのスケジュール予約などをアプリ上で行うことが可能となっている。また、事前に予約しておくと店舗側でサイズの合ったアイテムを準備してもらうこともでき、オンラインデータとリアル店舗での体験がシームレスに統合されている。

　店頭では、バーコードをスキャンすると、レジの行列に並ぶことなく、そのままアプリで購入することができる。Nike Directのトップである、ハイジ・オニールは、「デジタルオペレーティングモデルを小売に適用することで、ビジネスの管理方法が変わった」と明言している。

アプリへの移行

　Nikeはスマートフォンアプリケーションの「Nike Plus App」の改善を続け、ユーザー数を着実に増やしている。現在、2億人弱ものユーザーがいるという。また、キュレーション型のスニーカー専用アプリ「Nike SNKRS（スニーカーズ）」も展開。

　それぞれのスニーカーの誕生秘話、価格や販売店舗などWebサイトでも展開されているコンテンツに加え、アプリならではの機能として、自分の欲しいモデルの販売開始の通知や、アプリ内購入も実装されている。

　2018年3月に発売された、世界トップクラスのクリエイター、ヴァージル・アブローとコラボレーションしたモデルのオンライン販売はアプリ限定となるなど、顧客と直接関係を作ることのできるアプリに販売の軸足を徐々に移してきている。

ニューヨークに新しくできた "House of Innovation 000"

資料：著者提供

こうした取り組みを通じて、Nikeはより深く顧客のことを理解できるだろう。そして、その深い理解をベースにNikeはより高いLTVを実現している。前述のロサンゼルスの実験店舗 Nike Live では、同店に来店経験のある会員とそうでない会員のその後の購買行動を比較したところ、前者は後者よりオンラインストアで30%多く買い物したことがわかっている。

2018年度には、Nikeの全世界の売上高の約3分の1（29%、つまり105億ドル）が、同社のD2C部門である Nike Direct によりもたらされたという。

D2C化は単なるビジネスモデルの変更だけでは達成することができない。組織の新設、これまでの取引先との条件変更などタフな交渉を伴うチャネル変更、アプリ開発、旗艦店を交えたオンラインとのシームレスな体験設計、買収、人材獲得などの大改革が必要だ。

Nikeの取り組みは道半ばであり、成功しているかどうかの判断はまだできない。ただし、「顧客とのつながり」を戦略の中枢に据え、それに向けた取り組みを着実に行う姿勢は大いに参考になるだろう。

D2Cの職種一覧

大手ブランドのD2C化を進めるための参考に、既存のD2Cブランドが具体的にどのような職種から構成されているのかを見てみよう。

これまで取り上げたユニコーンとなったD2Cブランドには以下のような職種が存在する（カッコの中には、実際にその職種の従業員がいるD2Cブランドを挙げている。また、太字は特に重要となる役職だ）。

・データ分析型マーケティング
　－Email Marketing Specialist（Warby Parker）
　－**Performance Marketing（Warby Parker）**
　－Acquisition Marketing（Away）

- VP, Growth Marketing（Away）
- Director of Digital Marketing（Casper）
- Manager, Acquisition Marketing（Casper）
- Senior Manager, Data Science（Glossier）

・顧客体験
- Customer Experience Advisor（Warby Parker）
- Customer Experience（Away）
- Director of CX（Away）
- Chief Experience Officer（Casper）
- Senior Experiential Designer（Glossier）
- Community Strategy（Glossier）

・コンテンツ・ストーリーテリング
- Content Strategy / Brand Management Director SEO（Away）
- **Head of Content（Away,Glossier）**
- Copy Director（Casper）
- UX Copywriter（Casper）

・エンジニアリング
- Front End Software Engineer（Warby Parker）
- BI Engineer（Glossier）
- Data Science（Away）
- **Head of Data（Glossier）**
- Senior Algorithms Engineer（Casper）

・デザイン
- Art Director（Warby Parker）
- Design Strategy Director（Casper）

‐Senior Packaging Designer（Glossier）

・顧客インサイト
　‐Director of Consumer Insights（Casper）
　‐Design Research and Strategy（Casper）
　‐UX Researcher（Glossier）

・店舗体験
　‐Senior Retail Experience Manager（Casper）

・ソーシャルインパクト
　‐Social Innovation Lead（Warby Parker）
　‐Social Impact（Glossier）

　このような職種をあまねく取り揃えている企業はまだまだ日本には少ない
はずだ。ただし、そうした職能を持った人が存在しないわけではない。様々
な企業や業種に点在しているのが現状だろう。

　パフォーマンスマーケティングについては、Webやアプリ関連企業など
でグロースハックを行っている職種の人が似たようなスキルや経験を持って
いる。また、雑誌編集やWebメディアなどで言葉やテキストを多く扱って
きたような職種の人はHead of ContentやUX／コピーライターを問題なく
担うことができるはずだ。D2Cの震源地アメリカでも、5年ほど前まではこ
のような職種の経験を持った人は存在しなかった。日本でも今後、上記のよ
うなチームを作っていくことは十分に可能なはずだ。

5-4　　　　　　大手小売のD2C化

　D2C化しているのは大手ブランドだけではない。スーパーや百貨店、小売店などの流通大手もアメリカではD2C化を遂げている。

　ブランドと顧客の関係がオンライン、オフラインともに密接になっていくと、究極的には、小売店は「中抜き」だけしている企業と見なされ、徐々に顧客との接点と競争力を失うことになる。

　その対策として、小売自身もデジタルの活用を強化し、顧客との関係を変えていく必要がある。ここでは、世界最大の小売店であるWalmartの事例を見てみよう。

Walmartの買収戦略

　WalmartはBonobosを2017年に約300億円で買収した。Bonobosは「元祖D2C」とも言える企業。スリムフィットパンツやシャツ、ジャケット、スーツ、タキシードなどを取り扱っていたスタートアップだ。

　街中にある「ガイドショップ」と呼ぶ試着専門のショールーム（店舗には一切在庫を持たない）を通じてリアルの接点を多く持ちながらも、購入はすべてオンラインのアカウントで行うという、D2Cが得意とするネットとリアル融合型の取り組みを先んじて行っていた。デジタルを活用しながらミレニアル世代向けにファッションブランドを立ち上げた、最初の企業の1つと言えるだろう。

　WalmartのD2C化への取り組みは「BonobosというD2Cブランドの買収」という単純なストーリーで語れるものではない。より包括的なEC戦略やデジタル戦略の1つとして見るべきだろう。

　Bonobosの買収前、巨大ディスカウントストアを全米に展開するWalmartは次のような経営課題を抱えていた。

- 粗利が高いプレミアム価格帯の商品を扱えていない
- デジタル化へ対応できていない
- 感度が高いミレニアル世代を取り込めていない

　こうした課題に対応する中で、D2Cのビジネスモデルが、1つのソリューションとして挙がってきたのだ。そのため、BonobosのCEOで創業者のアンディ・ダンも、買収後、単にBonobosの経営を続けるだけでなく、Walmart全体のデジタル戦略を管轄するポジションに置かれ、全体のD2C戦略に取り込まれていった。

　ちょうどこの時期は、WalmartのCEOだったマイク・デュークが、それまで失敗続きだったEC戦略を見直し、EC責任者を内部昇格ではなく外部から招くことで状況を打開し始めていた頃だ。

　なお、このBonobosの買収は、Walmartが2016年にJet.comを約3,000億円で買収していたのが大きな布石になっている。これはWalmartのデジタル関連の買収の中で過去最大のもので、会社全体としても今後デジタルに注力していく、という意思の表れでもあった。

　Jet.comは、2015年にシリアルアントレプレナーのマーク・ロアが設立した企業である。「Eコマース界のコストコ」と言われ、月会費をもらいながら、個々の製品は他のECサイトより安い価格で提供するモデルだ。一時期はAmazonの対抗馬と目され、急速な成長を遂げていた。

　そして、マーク・ロアは、買収後、Jet.comの責任者を引き継ぐだけでなく、Walmart全体のオンライン事業のトップの地位に就くことなった。マーク・ロアは、Jet.comで確立したECサイトのシステムやオペレーションをWalmartに導入していった。

　Bonobosの買収は、こうした「地ならし」が終わった後になされた。Bonobosの創業者アンディ・ダンはWalmartに参画後、このマーク・ロアの直下につくことになり、Bonobosに先立って買収していた靴のECサービスShoebuy.com、アウトドアのMoosejaw.com、レディスファッションの

ModCloth.comを含めたブランド統括に指名された。マーク・ロアという
EC業界のキーパーソンを外部招聘した上で、そのEC部門の下にD2C業界
のキーパーソンのアンディ・ダンをつけるというのは非常に戦略的な人事だ
ろう。Bonobos買収後も、EloquiiなどのD2Cブランドを次々と傘下に収
めている。

　デジタル部門の直下にD2Cブランドをぶら下げるのは、先述のNikeと同
じだ。デジタルネイティブで事業を行っていくための組織設計としてはこう
した構造が非常に理にかなっていると言えるだろう。

　「D2C事業統括」のようなポジションについたアンディ・ダンは、
Bonobosのオペレーションから得た知見や教訓を参考に、2018年2月には、
AllswellというCasperの対抗馬となるブランドをローンチ。

　さらに、MoDRNという家具のブランドも立ち上げている。

　そのプロモーション戦略も非常に示唆に富んでいる。

Walmartが立ち上げたAllswell

資料：Allswell HPより

広告も、Walmartが好んで使ういわゆる「4マス広告（新聞、雑誌、ラジオ、テレビ広告）」ではなく、直接顧客とつながるSNSなどにリソースを振り向け、自社でメッセージを出すタイミングや内容をチューニングしている。外注ではなく自社で運用することで、どういったメッセージがどう顧客獲得と定着につながっていくかという「顧客のコンバージョンの公式」がより精緻化されていく。

　MoDRNのデータだけが、Walmartの新しい資産になるわけではない。Walmartは、全店舗で集めたデータを、MoDRNのような傘下のD2Cブランドと共有することもできる。

　「全米の買い替えサイクルの平均」「地域ごとの差異」「年齢ごとの差異」「季節データ」「同時に買われている製品」など、Walmartのように全国展開しているからこそ取得可能な巨大なデータと、D2Cブランドが持つデータとを掛け合わせることで、競合のD2Cブランドにはできないような高度な分析が可能になり、より有益なナレッジが溜まっていく。

　"Everyday Low Price（毎日が大特価）"という売り文句で成長してきたWalmartには、どうしてもディスカウントストアのイメージが付いて回る。また、労使紛争や環境問題、地域経済への悪影響などの問題を度々起こしてきた過去もある。これまで、Walmartの賃金が低すぎる、あるいは、Walmartの進出によりローカルのストアとそれらに付随した経済コミュニティが破壊された、という批判も数多くあった。これらを受け「絶対にWalmartでは買い物をしない」というアンチ層が一定数存在する。特にミレニアル世代からの支持が薄い。

　Walmartは、そうしたブランドイメージをポジティブなものに好転させていくため、D2C化を通じてミレニアル世代と心理的につながろうと試みている。WalmartのD2C戦略は、デジタル戦略のコアであるのみならず、新しい顧客獲得の取り組みの中核にもなっている。

　また、Walmartは従来型店舗やプライベートブランド商品のデザインクオリティ向上や世界観作りにも本気で取り組んでいる。

Target の提携戦略

Target も、D2C 化に対して非常に積極的だ。

Target は 100 年以上の歴史を持ち、全米で 2,000 店弱を運営する、売上高全米 5 位の小売業者。

D2C ブランドを買収する Walmart と異なり、勢いのある D2C ブランドとの「提携」を増やしていくのが Target のスタイルだ。たとえば、Target は Casper、Harry's、電動歯ブラシのスタートアップの Quip とも提携。D2C ブランドへの投資を増やし、様々な戦略的提携を始めている。

まずは、全米の Target 店舗での取り扱い。上記のような D2C ブランドの製品を、中間マージン抜きという破格の条件で各店舗で取り扱っている。他の消費財ブランドに課している販促義務も、投資先の D2C ブランドに対しては課すことがない。加えて、売れ残り商品の買取義務なども発生しない。また、サブスクリプションのような、2 度目以降の購入が店頭で発生しない、Target にとっては必ずしもメリットが大きいとは言えないモデルに対しても柔軟に対応するなど、D2C ブランドにとっては願ってもないような条件で協業を進めている。

D2C ブランドから見れば、Target 経由で販売するのは、もはや "ダイレクト" ではない。しかし、"ダイレクト" であることの本質的な目的は、顧客と密接な関係を築くことにある。Target は販売データを共有し、D2C ブランドにとってビジネス上の旨味が減ることのないような工夫をしているのだ。

Target との提携は、D2C ブランドにとってメリットが複数ある。決して資金が潤沢にあるわけではない D2C スタートアップにとって、販売チャネル戦略の原理原則の 1 つである「顧客が欲しい場所で買える」状態を実現するのは難しい。しかし、Target のように多くの顧客接点を持つ企業と提携することで、D2C スタートアップは一気に全米規模の販売網を獲得することができる。

また、昨今は多くのD2Cブランドが生まれオンラインに「渋滞」が起きている中、一気に全米にオフライン接点を持つことのできるTargetとのパートナーシップは、D2Cスタートアップにとっては、垂涎ものの低コストの顧客獲得戦略になりえる。

　Targetとの相乗効果がもっとも強く現れたのはHarry'sとの提携だろう。Harry'sはTargetから出資を受けたが、その売上の大半はTarget経由で生まれていたことがわかっている。Harry'sがTarget経由で販売していたのは、顧客データが共有されていたからだ。Harry'sは、基本的にサブスクリプションモデルのため、店頭でサブスクリプション契約が行えるようにし、実際にどれくらいの比率の顧客がその契約をするのかなどの実験データを取得し、Targetと共有している。

　TargetはCasperなど10社以上のD2Cブランドの製品を取り扱っている。D2Cブランドの世界観起点のブランディングは、Target全体のブランド価値向上へもつながっている。D2Cブランドを積極的に取り扱うことで感度の高い若い顧客を引きつけ、レバレッジをかけているのだ。Targetは、D2Cブランドを売り場の隅っこで扱ったり、ポップアップ的に扱っているわけではない。各カテゴリーで売り場の中心に据え、積極的にその世界観を押し出そうとしている。
　もちろん、ただ「クールなブランド」と見られることだけがゴールではない。Targetは、顧客と直接つながることで取得できるデータを通じて、将来のトレンド予測などにも活用している。

　ここまで、アメリカの代表的な小売企業であるWalmartとTargetの事例を見てきた。こうした事例を見てわかるのは、大手流通企業のD2C化には、以下のような大きく3つのステップが必要だということだ（図5-3）。

大手小売D2C化の3ステップ

Phase 1：デジタルトランスフォーメーションによるスキルの獲得

　Nike、Walmart、Targetなどこれまで事例を挙げたD2C化する大企業で共通して言えるのは、変革に先立ち、全社規模のデジタルトランスフォーメーションのプロジェクトを行っていることだ。

　データ分析チームの立ち上げ、Webシステム開発の内製化、SaaSツールの導入などを進め、企業全体をデジタル化する。これは建物でいうと基礎工事にあたる部分だ。まず足腰となる地盤を固め、どのようなサービスを展開しようが対応可能な状態を作っておくことが重要となる。

　日本国内のアパレル大手が始めたD2C業態の店舗に行っても、顧客データを紙で保管したり、新しいブランドではなく親会社のオンラインサービスへの登録を強いたりと、既存の仕組みやオペレーションに合わせ、パッチワーク的にデジタル化の取り組みを後付けで足していく例が散見される。こうした取り組みでは、D2C化の恩恵を最大限に得ることは難しいだろう。

　アナログな業務オペレーションを構築してきた企業は、どこかのタイミングでデジタル体質へと変換をする必要がある。大小の痛みが伴うだろうが、すべての業界がデジタルやインターネットと無関係でいられなくなってくる中、デジタルトランスフォーメーションは「やるのかやらないのか」ではなく、「いつやるか」の問題となっている。

　もちろん、いきなりすべてを変える必要はない。Walmartのような規模のデジタル投資をする必要はなく、すぐにアプリを作る必要すらもない。まずは、SNSでコミュニケーションを行う担当者を置くことから始めてもいいだろう。その余裕すらなければ、その時間を1日1時間だけでも取るなど、できるところから徐々に変えていけばいい。また、既存のアナログなオペレー

図5-3　D2C化の3ステップ

Phase 1

組織横断型の
デジタル推進施策の立ち上げ

デジタル推進施策

従来的な小売・流通業

すぐにD2Cを始めるのではなく、データ分析や物流の最適化、アプリ開発などのケイパビリティを自社内で育成あるいはM&Aを通じて内製化する。

Phase 2

デジタル推進施策をさらに拡張し、
その下にD2C関連施策をぶら下げる

デジタル推進施策

従来的な小売・流通業　D2C中核組織

デジタル推進施策の組織の下にD2Cの中核部署（戦略策定やデータ分析・統合などを担う）を設置。

Phase 3

デジタル推進施策をさらに拡張し、
その下にD2C関連施策をぶら下げる

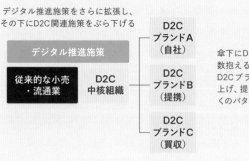

デジタル推進施策

従来的な小売・流通業　D2C中核組織

D2CブランドA（自社）

D2CブランドB（提携）

D2CブランドC（買収）

傘下にD2Cブランドを複数抱える。
D2Cブランドは自社立ち上げ、提携、買収など多くのパターンがあり得る。

ションに新しいデジタルの仕組みを足し込もうとするのではなく、既存ブランドと切り離して、安価なツールなどを使いながらデジタルネイティブな取り組みをスタートすることを検討してもいい。

Phase 2：D2C中核組織の立ち上げ

Phase 2では、Phase 1のデジタル関連施策をベースに新しくD2C中核組織を立ち上げる。このフェーズは様々な方法が取られうる。

Walmartのように買収した会社の創業者やエグゼクティブに全社のD2C戦略を担ってもらうパターンもあれば、Targetのように D2Cブランドと提携あるいは出資し、時間をかけてそのビジネスモデルやデータ分析のスタイルを学習しながら、必要なスキルや経験を徐々に取り込んでいくパターンもあるはずだ。

前者は、買収した企業がD2Cの経験が長く、横展開可能なナレッジを有していることが条件となるだろう。国内ではこうした企業は数社に絞られるだろうが、日本にも多くの急成長D2Cブランドが誕生しており、数年後には買収の対象となるような企業が増えているはずだ。

後者は、時間がかかるというデメリットはあるが、リスクを最小化しながら徐々に自分のブランドをD2C化していくことが可能になるだろう。

Phase 3：D2Cブランドの展開

D2Cの中核部署（戦略策定やデータ分析・統合などを担う）の下、傘下にD2Cブランドを複数抱えるのが最後のフェーズになるだろう。抱えるD2Cブランドは自社立ち上げ、提携、買収など多くのパターンがありえる。

WalmartがAllswellを立ち上げたように、自社でD2Cブランドを立ち上げていくのは、このPhase 3であると言える。

SNSなどを見ていると、趣味や嗜好の異なる多くのグループが存在することが分かる。これからの市場は、長期的にはますます分散していくだろう。

これまで、実際に製品をつくるハードルが高かったため、ブランドの新規参入が少なく、市場の細分化に追いつくほどのラインナップを揃えられない

という供給上の制約があった。

　今、売上が大きいブランドも、決して顧客に愛されてきたわけではなく、単に便利だとか安いといった理由で消極的に選ばれていたケースも多かったはずだ。

　しかし、これからは新規でブランドを立ち上げるハードルは下がり、細分化された市場に特化したブランドが数多く生まれてくるだろう。日本でも、COHINAという、背の低い女性に特化したD2Cブランドなどが出てきている。また、アメリカでは体型の大きい人に特化したD2Cブランドもある。

　こうしたブランドは、ニッチであるがゆえに顧客とより深い心理的コネクションを作ることができる。また、価格もリーズナブルに抑えられるだろう。長期的に見て、小売店はこうしたブランドに徐々に売上やシェアを侵食されてしまう懸念がある。しかし、自社でD2Cブランドを展開していくスキルがあれば、その対策もできるはずだ。

　ただ、既存事業のD2C化はビジネスモデルの大転換を伴うため、上記のステップを丁寧にステップバイステップで踏んだとしても、以下のような課題が生じてくるのも事実だ。

> - 店舗のショールーミング化の促進（店頭で買わずにネットで買う、という顧客行動を促すことになり、オンラインとオフラインの連携がシームレスでないプロダクトは商機を逃す可能性がある）
> - カニバリゼーション（売上の取り合い）の発生
> - サブスクリプションなど新しいビジネスモデルへの対応
> - 急拡大するブランドへの、既存顧客やロイヤルカスタマーの反発

小売店はこれらに対応するために難しい舵取りを継続する必要がある。

BonobosはWalmartに買収されて2年後の2019年10月、従業員数削減を含むリストラ策を発表した。決して先行事例のすべてがスムーズに成長軌道に乗っているわけではない。

　今後、多くの小売企業がD2C化にトライし、人材の還流が起きていく中で、業界の中にノウハウやプラクティスが蓄積されていくことになるだろう。

6-1　　　成長の踊り場を迎えるD2Cブランド

　D2Cという言葉は、今やバズワードとも言われている。日本のベンチャー投資でも、もっとも盛り上がっているカテゴリーの1つだという。

　現在は、「D2Cバブル」に乗ってビジネスを始めた人が多数いる状況だ。業界が盛り上がっているのはいいことだが、これからは、D2Cブランドの身売りなど、業界の成長に水を差すようなニュースがいくつか起きてくることだろう。

　また、アメリカでは2018年から2019年だけで7社ほどのD2Cブランドがユニコーン化し多額の資金を調達したが、その直後から、そのバリュエーション（評価額）を疑問視する声も聞かれるようになっている。2008年にD2C第一世代のBonobosが創業して以来、Dollar Shave ClubやHarry'sなど買収された企業はあるが、上場した企業はまだ1社もない。

　D2Cの課題としてよく挙げられるのが、成長のキャップ（上限）があることだ。

　5、6年前と比べ、顧客獲得のコストは大幅に上昇した。一定の規模まで大きくなったD2Cスタートアップは、それまでの売上成長のペースを維持することができない。それでも、D2Cスタートアップは、VCから資金調達をし、成長を継続した上で、最終的にはエグジット（上場や他企業による買収）をして、リターンを返す必要がある。

　そのため、D2Cスタートアップは、急速にラインナップを拡大し、テレビCMを打ち始める。Casperも売上が約400億円となり、テレビCMを全米で積極的に流している。また、ECや直営店へのこだわりも捨て、AmazonやTargetなどの小売大手でも商品を販売している。

　D2Cの本質は、販売チャネルの壁、広告・プロモーションの壁という2つ

の壁がなくなったことにあると第3章で述べたが、成長の壁にぶつかった D2Cブランドではまったく逆のことが起きている。VCから資金調達をし、買収や上場などのエグジットが求められるD2Cブランドは、一定の規模を超えると、さらなる成長のため伝統的な小売企業が仕掛けていたゲームのルールの中で戦わざるを得なくなる（図6-1）。

図6-1　D2Cの成長のジレンマ

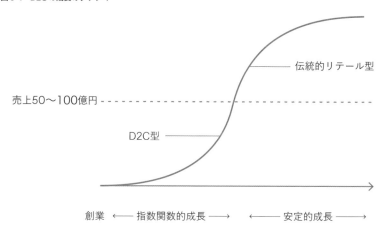

最近では、その閾値は売上50〜100億円程度と言われている。
　その閾値まではD2C型で世界観を重視しつつ、VCマネーを背景に急成長を遂げるが、その閾値を超えて以降は伝統的リテール型に移行し、量販店での販売やテレビCMなど、これまでD2Cスタートアップが戦ってきた相手と同じような振る舞いを始めるということだ。

　インターネットやスマートフォンの普及で、顧客の購買行動は劇的に変化した。しかし、すべての人がその変化にからめとられているわけではない。X世代（およそ1965〜1980年に生まれた世代）より上の人たちは、自分たちが若かった頃の購買習慣をなかなか変えようとはしない。アメリカでもま

だまだEC化率は10%強であり、「西海岸」と「東海岸」の"両沿岸部"に住んでいない消費者には、生活習慣や消費習慣の変化のプレッシャーも弱い。

　マジョリティは、変化に緩慢に反応する。さらなる成長を目指し、マジョリティにプロダクトを届けるためには、どうしても伝統的な売り方やメッセージの届け方に頼らざるをえないのだ。

　D2Cブランドの多くは、創業時は伝統的小売企業への決別、反抗などを売りにしているが、成長力が鈍化すると、全国に販売網があるチェーンに依存する。今後はより現実路線を取り、ブランドの世界観を理解し、顧客データの積極的な共有などに抵抗のない小売企業と提携をしていくことになるのだろう。

6-2　　　　日本でD2Cを展開する際の留意点

　ここで、日本でD2Cを展開する際の留意点についても触れておこう。

①価格帯
　ここまで触れてきた通り、アメリカでD2Cが発展した背景には、2009年のリーマンショックの影響もあり、ミレニアル世代が十分な可処分所得を持つことができなかったという経済的な理由がある。しかし、日本ではリーマンショック前から長らく続くデフレの影響で、アメリカでD2Cが発展するよりはるか前から、どの業界も安価でいいものにあふれている。この本で取り上げたメガネやスーツケース、マットレスなどの商材も、日本では、アメリカのD2Cブランドが提供しているものよりはるかに安価で高品質のものが手に入ると言ってもいい。

②流通

　日本のEC化率は約6％程度でアメリカの約11％の半分ほどだ。この低い
EC化率は、高度に発達したコンビニやドラッグストア、大型スーパーの流
通網の影響で、ECのメリットが十分に発揮されていないことも原因だろう。
ECで家に配送してもらう手間と、数百メートル先のコンビニへ行く手間は、
利便性という観点ではあまり変わらない。①にも大きく関連するが、単に価
格が安い、あるいは手に入れやすいなど、不便の解消や利便性だけに訴求す
るブランドは、こうした既存の流通網に対して優位性を発揮することは難し
いだろう。

　こうしたことを踏まえると、日本でD2Cを展開する際は、「高価格帯への
シフト」が1つの重要な考え方になるだろう。伝統的なブランドが10万円
程度で扱うバッグを7万円で売る、あるいは5万円程度のシャツを3万円で
売るなど、より高い価格帯へシフトした方が、より競争コストが少なく、高
感度の顧客にリーチすることができるはずだ。

6-3　　　　　　　　D2Cの今後の潮流予測

　D2Cは「デジタルがドライブしたブランドと顧客の関係変化」の初期形
態の1つであって、何かの終着点ということではない。やがて言葉そのもの
は消えるかもしれないが、もしそうなったとしても次の新しい波の礎（いしずえ）になる
はずだ。

　おそらく、2020年頃から「ポストD2C」の議論が増えてくるだろう。こ
こでいくつか自分の考えを述べていきたい。

1：D2C商材の多様化

　すでに増えてきているが、今後、食品やドリンクを扱うD2Cブランドはさらに増えてくるだろう。

　環境に対する意識が高く、アルコールを飲まず、ベジタリアンも多いミレニアル世代の価値観や食生活の変化をダイレクトに捉えた食材にはまだまだ成長の余地がある。しかし、これらも既存のD2Cスタートアップと同じく、一定の規模までいくと大手小売の販売力に頼らざるをえなくなるだろう。

　高級ブランド品、高級デジカメなど、購買時の比較検討プロセスが長い商材のことを高関与製品というが、自動車（Teslaはずっと前からD2Cだ）や家なども含む超高関与製品のD2Cブランドも今後増えてくるはずだ。

2：REコマース

　これから、消費者はモノを買わなくなっていく。

　たとえば日本ではメルカリの成長に伴って、消費者同士をつなぐ中古品流通の市場が急速に立ち上がっている。これはアメリカでも同様で、中古品を着るという価値観の受容が進んでいる。特に、ミレニアル世代やZ世代に限ってはユーズドに対する抵抗はほとんどない。

　今アメリカでもっとも伸びているファッションのカテゴリーは「リユース（中古）市場」で、アパレル産業全体の21倍のスピードで成長している。2021年あたりにはリユース市場が、アパレル市場全体を抜くのではないかと言われている（図6-2）。

図6-2　リユース市場の成長予測

（10億ドル）

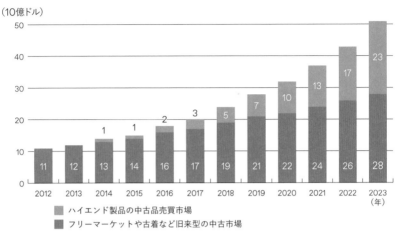

出所：THREDUP "2019 RESALE REPORT"（https://www.thredup.com/resale）

　このような「リセールマーケット」を牽引しているのが、StockXや
Poshmarkなどのスタートアップだ。どちらもユニコーンになっている。
　StockXのコンセプトは「モノの株式市場」。スニーカーやバッグや時計が
"上場"し、株のように取引されている。株式取引所と同じようにリアルタ
イムの価格、出来高などのデータが公開され、売り手と買い手は透明性の高
い情報に基づいて取引ができる。買い手は、最低価格で"入札"することが
でき、一方で、売り手は最高値の入札価格で売ることが可能だ。

　Poshmarkというフリマアプリは、SNSのようなインターフェースで、気
に入った人やブランドをフォローすると出品物が自分のフィードに流れてく
るようになっている。どちらも現代的でクールなユーザーインターフェース
で、若者たちに広く受け入れられている。

スマホに最適化されたPoshmarkのUI

資料：Poshmark HPより

　リセールマーケットとは少し異なるが、顧客から不用な衣服などを回収し、その素材をもとに新しい製品を作るアップサイクル（リサイクルのような単なる素材の原料化や再利用ではなく、元の製品よりも価値の高いモノを生み出すこと）などの取り組みが増えてきている。

　Nikeは2019年7月から、子ども向けのシューズのサブスクリプションサービス「Nike Adventure Club」を開始した。毎月、隔月、シーズンごと（年4回）から配送ペースを選択することができる。Nikeは、この取り組みを循環型経済のテストケースにしようとしており、ビジネスモデルだけでなく、プロダクトを回収・分解して素材を他のプロダクトに転用する仕組みをも開発しようとしている。

　古いものが価値を持ち始めてくると、自らモノを企画・デザイン・製造せずとも、古着屋や中古レコード屋のように強い文脈編集力を持ち、かつデータ分析などのエンジニアリングスキルを身につけたプレイヤーが力をつけて

くる可能性がある。

「D2C－ものづくり＋文脈編集力」の公式に当てはまるリセールマーケットのプレイヤーはこれから増えてくるかもしれない。

3：D2Cコングロマリット

D2Cはニッチな分野に深く刺していく側面もあるため、1つのブランドを巨大化させていくだけでなく、ブランド自体を増やしていく戦略もときに必要となる。

すでにWalmartやTargetがそうなりつつあるが、傘下にいくつものD2Cプレイヤーを抱える大企業はこれから増えてくるだろう。商材やブランドを多数展開するアパレル企業や大手流通企業は、消費者の多様なタッチポイントにD2Cブランドを展開していくことが可能だ。

6-4　全業界、全企業は「D2C化」していく

2008年の第1世代以降、D2Cの誕生から10年以上が経過した。

細かな変化や個別の企業の登場も重要だが、デジタルの発達によってブランドと顧客の関係が質的に変化したことが、D2Cがもたらした本質的なパラダイムシフトだ。

- デジタルが顧客接点の大部分を占める
- プロダクトではなく世界観の占める割合が大きくなっていく
- 顧客とダイレクトな関係を築き真の意味でB2C化していく

これらの流れは、もはや不可逆だろう。

　上記で挙げたようなポイントはこれからすべての業界、すべてのサイズの企業に影響を与えていく。
　この変化を起点にして、これから様々なブランドや小売の形態が誕生していくだろう。

　デジタル起点のビジネス・ブランドづくりを行うこと、顧客との関係性づくりに注力すること、世界観・ストーリーづくりに投資をすること——。
　どんな業態であったとしても、これからのブランドにはこれらの要素が必ず求められていくはずだ。

おわりに

シカゴに留学中の2013年。初めてWarby Parkerを体験した日のことは忘れられない。

当時はまだ店舗もなく、この本でも紹介したHome Try-onという配送と試着を組み合わせたサービスがオンラインで提供されていた。

届いたメガネをクラスメイトたちに見せると「こっちの方が似合うよ」「いやこれにしたら？」と勝手に話が盛り上がり始めた。さらに、Warby Parkerのことを知らなかった何人かは、「このサービスおもしろい」と言って早速Webサイトで試着の手配を始めていた。

私自身は結局購入しなかったが、返送の案内もとても丁寧で、数日後には「試してくれてありがとう！」と、心からの感謝が伝わるメールが届いた。こちらの気まずさを一掃するような印象的なメールのやりとり。そのときはユーザーにはならなかったものの、Warby Parkerへの好印象だけは頭の中に残り続けた。

そして1週間後。休み時間の教室では、Home Try-Onで届いたメガネを手にした友人の周りに人だかりができていた。そのとき、Warby Parkerは人を引き寄せる磁石であり、コミュニケーションを生むミディアムであり、伝染する魔力があるのだと感じ取った。

数年後、Warby Parkerが「D2C」という業界のトップランナーとして紹介されているのを知った。リサーチを重ね、自分でもD2Cブランドのプロダクトを購入するにつれ、Warby Parker以外にもEverlaneやGlossierなどの素晴らしいブランドがあることを知った。実際に彼らのストーリーを聞き、店舗などでその世界観を体験すると、すぐに彼らの魔力に感染し、それを周囲に伝播する役割を担うことになった。

他にも、AllbirdsやAwayの物語を聞くと、試し、購入し、人に伝えずにはいられない。D2Cという分野に属するブランドは、フレンドリーであり

ながらクールだった。ライフスタイルそのものを提案し、自分をアップグレードしてくれるような要素を共通して持っていた。

　D2Cに注目したのにはもう1つ理由がある。私がTakramというデザイン・イノベーション・ファームで注力している「デザインと経営／ビジネスの統合」というテーマとも、D2Cの方向性は見事に合致していた。

　少し脇に逸れるが、ここ10年で「デザイン」が意味することは2つの方向に拡張されてきた。1つはデジタルとの融合。スマートフォンの普及で、人と情報のやりとりについてのデザイン（UI/UXなど）の分野が大きく成長した。もう1つは経営との近接。デザイン思考をはじめとしたイノベーションを生み出すための方法論が一般化し、そうしたメソッドが顧客体験をベースにしたサービス開発、事業開発、企業文化の変革にも使われるようになった。

　デジタルとの融合と経営との近接——。こうして拡張された「デザイン」という概念が、もっとも理想的な形で表出し、大きなインパクトを与えているのがD2Cというフィールドだ、と個人的に考えている。昨年から講師をしているビジネススクールの「デザイン経営」という授業でも、ケーススタディとしてD2Cブランドを多く紹介してきた。

　この書籍で試みたのは、個別事例の解説の羅列ではない。そこに通底するもの、その本質的な意味を読み解き、読者の方々が日々向き合っているであろうビジネスに適応可能な形に編集し直した。したがってエッセンスを企業ごとに並べるのではなく、意味ごとに並べて、解釈を足したものになっている。

　ブランドやリテールビジネスのルールブックはD2C以前／以後でまったく変わったものになった。
　新しいルールブックを手に、これから数えきれないほどのブランドが生ま

れていくだろう。そしてそれが新しい消費文化を作り、その消費文化をベースに新しいライフスタイルが根付き始める。この書籍が、これからブランドやメーカーを作ろうとしている人、あるいは改革をしようとしている人にとって何かの助けになれば幸いだ。

　最後に、本書を執筆するにあたってご協力いただいたみなさまに感謝の言葉をお伝えします。普段からD2Cについての何度もディスカッションをさせていただき、多くの情報とインスピレーションを頂いているFABRIC TOKYO代表取締役社長の森雄一郎さん、Zokei代表取締役の沼田雄二朗さん、RE株式会社代表取締役の江原理恵さんの存在なしにこの本はありませんでした。 また、プロジェクトを一緒に行っているTakramのチームメイト、名前を書くことはできませんが、D2Cという分野に携わる機会を与えていただいているクライアントの方に心より御礼申し上げます。
　最所あさみさんが主宰する消費文化総研の太田祐輝さん、太田里沙さん、鈴木篤志さん、關剛彦さん、高橋慶生さん、津田一志さん、手嶋勇貴さん、仲宗根寿望さん、八窪豊文さん、原菜摘さん、松池恭佑さんには本書の原稿に的確なフィードバックをいただきました。最後に、はじめての書籍執筆で慣れない中、構造やディティールの表現まで含めて常に最後まで並走しサポートして頂いた編集者の井上慎平さんに心から感謝します。

2019年10月
佐々木康裕

著者プロフィール

佐々木康裕（ささき・やすひろ）
Takramディレクター/ビジネスデザイナー

クリエイティヴとビジネスを越境するビジネスデザイナー。D2C含むリ
テール、家電、自動車、食品、医療など幅広い業界でコンサルティ
ングプロジェクトを手がける。デザイン思考のみならず、認知心理学
や、システム思考を組み合わせた領域横断的なアプローチを展開
し、エクスペリエンス起点のクリエイティヴ戦略、事業コンセプト立案
を得意とする。ヴェンチャーキャピタルMiraiseの投資家メンター、グ
ロービス経営大学院の客員講師（デザイン経営）も務める。2019年3
月、ビジネス×カルチャーのメディア「Lobsterr」をローンチ。

装幀・本文デザイン————市東基（Sitoh inc.）
本文DTP————————朝日メディアインターナショナル
校正————————鷗来堂
編集————————井上慎平
営業————————岡元小夜
事務————————中野薫

D2C 「世界観」と「テクノロジー」で勝つブランド戦略

2020年1月8日　第1刷発行
2020年8月17日　第6刷発行

著者―――――佐々木康裕
発行者―――――佐々木紀彦
発行所―――――株式会社ニューズピックス
　　　　　　　〒106-0032 東京都港区六本木 7-7-7 TRI-SEVEN ROPPONGI 13F
　　　　　　　電話 03-4356-8988　※電話でのご注文はお受けしておりません。
　　　　　　　FAX 03-6362-0600　　FAXあるいは左記のサイトよりお願いいたします。
　　　　　　　https://publishing.newspicks.com/
印刷・製本―シナノ書籍印刷株式会社

希望を灯そう。

NEWS PICKS
PUBLISHING

「失われた30年」に、
失われたのは希望でした。

今の暮らしは、悪くない。
ただもう、未来に期待はできない。
そんなうっすらとした無力感が、私たちを覆っています。

なぜか。
前の時代に生まれたシステムや価値観を、今も捨てられずに握りしめているからです。

こんな時代に立ち上がる出版社として、私たちがすべきこと。
それは「既存のシステムの中で勝ち抜くノウハウ」を発信することではありません。
錆びついたシステムは手放して、新たなシステムを試行する。
限られた椅子を奪い合うのではなく、新たな椅子を作り出す。
そんな姿勢で現実に立ち向かう人たちの言葉を私たちは「希望」と呼び、
その発信源となることをここに宣言します。

もっともらしい分析も、他人事のような評論も、もう聞き飽きました。
この困難な時代に、したたかに希望を実現していくことこそ、最高の娯楽です。
私たちはそう考える著者や読者のハブとなり、時代にうねりを生み出していきます。

希望の灯を掲げましょう。
1冊の本がその種火となったなら、これほど嬉しいことはありません。

令和元年
NewsPicksパブリッシング 編集長
井上 慎平